1999,

LE PLUS GRAND SECRET DE L'HUMANITE.

Comment Deux Américains Ont Sauvé Le Monde Libre, Et Tous Les Êtres Humains.

1999, Le plus grand secret de l'humanité.

Comment deux Américains ont sauvé le monde libre, et tous les êtres humains.

1ère édition

Septembre 2022

Auteur

Boris Bobo

ISBN

9782957939909

Adresse

254 Rue Vendôme, 69003 Lyon

Site internet

https://1999lelivre.com/

Copyright © 2022

"They are not slaves and therefore cannot be considered merchandise, but they are free individuals with certain ethical and moral rights, including the right to engage in insurrection against those who would deny them their freedom – When there appears no hope at all, one must invoke one's ancestors – who we are, is who we were and who we must become."

Anthony Hopkins as J. Q. Adams in the movie, Amistad.

"Ce ne sont pas des esclaves et ne peuvent donc pas être considérés comme des marchandises, mais ce sont des individus libres, avec certains droits éthiques et moraux, y compris le droit de s'insurger contre ceux qui leur refuserait leur liberté - Quand il n'y a plus aucun espoir, il faut invoquer ses ancêtres – qui nous sommes, c'est ce que nous étions et ce que nous devons devenir."

Anthony Hopkins dans le rôle de John Quincy Adams dans le film Amistad.

SOMMAIRE

INTRODUCTION

En 1999, les États-Unis sont tranquillement en train d'être capturés par la Grande-Bretagne. En effet, une 3ème faillite envers un cartel de banquiers internationaux qui prêtent Allégeance à la Couronne implique que les États-Unis deviennent automatiquement la propriété de celle-ci, d'après les termes d'un contrat rédigé près de 200 ans plus tôt. Deux patriotes vigilants, nommés :*Russell-Jay: Gould* et *David-Wynn: Miller*[1] identifient cette menace et dans une série de mouvements stratégiques sauvent le pays de l'invasion étrangère durant une fenêtre de 18 jours, où la Grande-Bretagne a déserté son rôle de *Postmaster General*[2] et son bureau de poste de Washington DC . Ils prennent alors le contrôle du drapeau américain original (*Title 4 Flag*) et l'enregistrent auprès des Nations Unies, permettant ainsi aux États-Unis de devenir à nouveau souverains. Ils succèdent à la Grande-Bretagne, en tant que *Postmaster General*.

Un *Postmaster General* est le titre attribué dans les pays anglo-saxons au chef du système postal du pays.

Ce titre a une importance capitale, car en tant que responsable du système postal, le *Postmaster General* est responsable du mouvement des marchandises et des cargos, et donc du commerce. Nous verrons plus tard comment ce titre confère également le contrôle sur un pays tout entier, grâce au droit maritime.

Une fois les choses rentrées dans l'ordre, ils reprirent la commande tactique des titres les plus importants au monde. Ils ont surtout récupéré la commande tactique de la république américaine, contrôlée par le cartel des banquiers, depuis la seconde faillite américaine de 1871.

:Russell-Jay: Gould et *David-Wynn: Miller* créent également un tout nouveau système basé sur la science quantique, avec leur propre tableau périodique des éléments, leur propre système bancaire, ils réécrivent la syntaxe grammaticale dans un langage quantique, qui de par sa complexité et son exactitude invalide la grammaire utilisée partout dans le monde telle qu'on la connaît. Ils démontrent, par cette création, la fraude commise sur tous les contrats qui gouvernent le monde et invalident un système vieux de plusieurs milliers d'années.

Quelle est leur récompense pour cet acte de bravoure sans précédent ? Ils sont arrêtés et torturés par le gouvernement américain, alors qu'ils l'avaient sauvé. Cependant, ils viennent de changer le cours de l'histoire à tout jamais.

Ce n'est qu'en 2007, lors de la crise des *Sub primes,* que le sergent Robert Horton[3], haut gradé de l'armée américaine, et son équipe vont faire cette découverte incroyable et redonner à *:Russell-Jay: Gould* et *David-Wynn: Miller,* la place qu'ils méritent dans l'histoire.

Mais leur découverte ne s'arrête pas là. Ils vont également mettre au jour le plus grand secret de l'humanité. Ce secret est la clé de voute du système qui permet à quelques-uns, de contrôler le reste de l'humanité.

4

LA DECOUVERTE.

En 2007, lors de la crise financière des *sub-primes* : *Robert - Leroy :Horton*, sergent dans l'armée américaine en charge des forces spéciales, et son équipe , enquêtent sur les causes qui ont menés à cette crise sans précédent, touchant d'innombrables Américains. Après plusieurs mois de recherches dans les dossiers les plus secrets que possède le pays, ils tombent sur *:Russell-Jay: Gould* et *David-Wynn: Miller*, cités comme étant en charge de l'industrie immobilière. Ils leur demandent alors ce qu'ils ont fait pour que l'industrie, dont ils sont responsables, se retrouve dans un tel chaos. Leur réponse ? Ils ont refait la syntaxe grammaticale de tous les contrats et se sont rendu compte que les contrats à l'origine des prêts immobiliers dans tout le pays sont tous frauduleux. Ce ne sont donc pas les *Subprimes*[4] qui sont à l'origine de la crise immobilière, mais les contrats qui se sont révélés frauduleux.   Lorsqu'ils l'indiquent à Fannie Mae et Freddie Mac (l'association nationale des prêts hypothécaires), celle-ci s'empresse de vendre ces contrats immobiliers, en gros, à Bank of America, qui va aussi rapidement se rendre compte qu'ils ont racheté des contrats frauduleux. Bank of America va alors revendre ces mêmes contrats à Wells Fargo 3 jours plus tard. Va ainsi démarrer une chaîne d'achat/revente de ces contrats en gros. *:Russell-Jay: Gould* et *David-Wynn: Miller* expliquent alors qu'ils sont malgré eux à l'origine de la crise des *Subprimes* en ayant exposé la fraude des contrats des prêts immobiliers. Cette information est un premier choc, et ouvre les yeux aux enquêteurs.

Mais qui sont *:Russell-Jay: Gould* et *David-Wynn: Miller* ? Pourquoi sont-ils en charge de tout l'immobilier américain ? Et quelle est cette syntaxe grammaticale dont -ils parlent ?

:Robert-Leroy:Horton et son équipe décident alors d'en savoir plus sur ces deux personnes, mais également sur cette fameuse syntaxe grammaticale. Les contrats que Fannie Mae et Freddie Mac possèdent ont été annotés avec la syntaxe grammaticale en question.

Cette syntaxe grammaticale contient un code appelé « key » ou « clé ». Les contrats ont alors été passés sous cette syntaxe, et se sont révélés entièrement frauduleux. Les enquêteurs s'interrogent alors sur ce qui confère à cette clé l'autorité sur les contrats.

C'est alors qu'ils vont découvrir le plus grand secret de l'histoire des États-Unis, mais également du monde entier.

La piste sur laquelle cette découverte les met se divise en plusieurs niveaux :

- Tout d'abord, ils doivent remonter l'histoire jusqu'à la création des États-Unis pour comprendre ce qui se passe sous leurs yeux, car tout ceci remonte aussi loin. Plus exactement aux 13 colonies.

- Ils doivent ensuite étudier les 3 faillites internationales de l'histoire américaine, auprès d'un cartel de banquiers.

- Puis leur enquête les mène à la fin de la 3eme faillite américaine, le 2 novembre 1999, et les évènements qui ont suivis.

Enfin, leur enquête va déboucher sur le plus grand secret actuellement caché à toute l'humanité.

Dans ce livre, nous allons vous raconter cette enquête Extraordinaire et surtout vous permettre de mieux comprendre l'importance de : *Russell-Jay : Gould et David-Wynn: Miller* dans l'histoire des USA, mais également du monde entier.

LA PREMIERE FAILLITE AMERICAINE ET L'EMPRUNT DE BENJAMIN FRANKLIN.

L'histoire qui mène à *:Russell-Jay : Gould et David-Wynn: Miller*, démarre pendant *la guerre d'indépendance américaine (1775-1783),* au moment où les 13 colonies luttent pour leur indépendance de la Grande-Bretagne. Durant cette période, le vieux bureau postal (*Old Benjamin Franklin post office*), qui se trouve à Philadelphie, en Pennsylvanie, est obligé de fermer, car le *Postmaster General* de cette poste est la Grande-Bretagne, contre qui ils se battent. Tout acte de guerre contre la Grande-Bretagne annule alors les contrats passés avec eux. Les 13 colonies n'étant pas encore une nation souveraine, ils ne peuvent pas ouvrir à nouveau ce bureau de poste eux-mêmes.

Après le succès de la révolution américaine, le bureau de poste est toujours fermé. Le commerce avec les autres nations ne peut toujours pas réouvrir car il est maintenant en état de faillite. Cette fois-ci le *Old Benjamin Franklin post office* doit 1.6 millions de francs à la France, qui a financé la révolution américaine.

Les États-Unis, sont désormais une nation souveraine, mais surendettée qui doit trouver un financement pour rouvrir son bureau de poste et son commerce avec les autres nations.

Pourquoi le bureau postal et le Postmaster General sont-ils si importants ?

Tout le fonctionnement international à cette époque est basé sur les échanges maritimes et commerciaux.

Tout mouvement de commerce entrant ou sortant du pays doit passer par le bureau de poste. Le bureau de poste Général, (ou central) détient alors la plus haute autorité du pays. (***U.S Charter de 1825 indique clairement*** : *le bureau de poste général est le siège du gouvernement, le siège de tout gouvernement, dans le monde entier, est le bureau général*).

Le *Postmaster General,* en charge de ce bureau de poste, peut ensuite autoriser la formation des différentes structures du gouvernement sous forme d'entreprises. Quiconque a le commandement tactique de ce bureau de poste possède le contrôle total de tous les échanges commerciaux, dans toute l'Amérique du Nord. Le *Postmaster General* perçoit également un pourcentage de toutes les transactions grâce à cette position.

La France, l'Espagne, et la Grande-Bretagne se battent pour savoir qui sera celui qui occupera le rôle du *Postmaster General* pour les USA afin de réouvrir le commerce. L'Espagne défend le fait qu'ils ont été les premiers à découvrir l'Amérique grâce à Christophe Colomb, tandis que la France met en avant le fait que le bureau de poste lui doit 1.6 millions de Francs pour le financement de la révolution. Les pères fondateurs des États-Unis choisissent néanmoins la Grande-Bretagne comme *Postmaster*

General, malgré la guerre qui vient de les opposer, car ils sont habitués aux us et coutumes de la monarchie britannique, disent-t-ils, contrairement à la France et l'Espagne, dont ils ne savent pas grand-chose.

Les pères fondateurs signent alors la déclaration d'indépendance et une constitution.

En réalité, cette constitution est un prêt d'un montant de 3 millions de dollars[5], qui engage les États-Unis dans un contrat bancaire international dont les échéances sont de 70 ans.

Ils ouvrent alors un nouveau bureau de poste à Washington, dans le district de Columbia, pour permettre à la Grande-Bretagne d'occuper son rôle de *Postmaster General*.

Important à propos de Washington DC.

Washington DC, s'étend sur un territoire de 177 km².

DC, a son propre drapeau, et sa propre constitution indépendante. Cette constitution opère en vertu d'une loi romaine tyrannique connu sous le nom *Lex Fori*. La constitution du District de Columbia, n'a rien à voir avec la Constitution américaine. Le district de Columbia (DC) n'a jamais fait partie des États-Unis, c'est une enclave étrangère à l'intérieur du pays, fondée pour servir de bureau de poste à la Grande-Bretagne. Une fois le bureau de poste installé, la Grande-Bretagne en tant que *Postmaster*

General, réouvre les États-Unis au commerce avec le reste du monde.

Cet évènement marque la première faillite américaine.

LE DEBUT DE LA SECONDE FAILLITE AMERICAINE : L'ACTE DE 1871

Les pères fondateurs des USA avaient passé un pacte entre eux : Ne jamais emprunter d'argent au cartel des banquiers internationaux, dirigé par les Rothschilds, grâce à *la Bank of England,* depuis *la City* of London (*City* of London ≠ de la ville de Londres). Ce cartel de banquiers ne prête allégeance à aucune nation ou monarchie en particulier. Ils avaient décidé de n'emprunter qu'aux monarchies (la couronne d'Angleterre par exemple), car les monarchies représentaient un gage de sécurité grâce à la puissance de leurs armées.

Pendant la guerre de Sécession ou guerre civile américaine (1861-1865), les États-Unis sont cette fois ci divisés en deux camps. Au nord, *L'union*, dirigée par Abraham Lincoln, et au Sud *Les confédérés* dirigés par Jefferson Davis. Face à la menace grandissante que représentent *les confédérés,* et, pour s'assurer assez de ressources et la victoire dans ce conflit déterminant, Lincoln a besoin d'argent. Le cartel des banquiers le sait, car ils financent déjà le camp d'en face, celui des *confédérés*. Leur but est de mettre le grappin sur les USA grâce au financement des deux camps dans cette guerre. Ils proposent alors à Lincoln un prêt avec des intérêts exorbitants de 24% à 36%, pour que celui-ci soit incapable de le rembourser, et que les États-Unis deviennent leur propriété.

Lincoln refuse, et au lieu de cela va demander l'aide du tsar Alexandre II de Russie. Il demande également au Congrès d'autoriser l'impression de 450 millions de dollars de « *greenback* » autrement dit des billets imprimés en vert au dos. Ceux-ci ne sont pas garantis par de l'or ou de l'argent, mais par la crédibilité du gouvernement américain. Ils sont aussi sans intérêt. Ils permettent de restaurer le contrôle constitutionnel sur la circulation monétaire. Le tsar Alexandre II de Russie, accepte la demande d'aide de Lincoln et envoie deux flottes, à New York et San Francisco.

Au début de la guerre de Sécession, Lincoln signe une proclamation d'urgence nationale, à la suite d'un « *sine die* » du congrès, afin de commander exclusivement via pouvoirs exécutifs. Il en a besoin pour éviter une crise constitutionnelle qui l'aurait empêché de déclarer la guerre. Cet acte est connu sous le nom d'« *Executive Proclamation 1* ».

Ensuite, en 1863, durant la guerre, Lincoln signe un ordre exécutif pour étendre les pouvoirs juridiques du district of Columbia, qui n'avait aucune Juridiction dans les autres états, en signant le *General Order 100*, aussi connu sous le nom de « *Lieber Code* ». Cet acte étend effectivement les pouvoirs du district de Columbia dans tout le pays, en temps de guerre.

Ces deux actes, seront déterminants pour l'union, dirigée par Abraham Lincoln, dans la victoire lors de la guerre de Sécession. Pour s'être opposé avec succès au cartel des banquiers, Lincoln sera assassiné de sang-froid par John Wilkes Booth le 14 avril 1865.

La maison Rothschild, se rend alors compte que les gouvernements souverains, qui impriment de la monnaie-papier, sans intérêt et sans dette, risquent fortement de briser l'hégémonie de son pouvoir bancaire.

À la suite du décès d'Abraham Lincoln, les Rothschild reprennent leurs tentatives de contrôle des États-Unis en changeant cette fois-ci de stratégie. Ils choisissent l'infiltration du gouvernement américain plutôt que l'invasion en utilisant leur méthode préférée, la tromperie.

Acte de 1871 et l'entreprise UNITED STATES INC, la naissance de la seconde constitution.

Quelques années après la fin de la guerre de Sécession, le congrès américain passe une loi connue sous le nom de « *the Act* » ou acte de 1871. Cette loi de réorganisation qui, à l'origine, vise à fournir un gouvernement municipal pour le district de Columbia, étend les pouvoirs de l'«*Act* », à l'ensemble des États-Unis grâce au *Lieber Code* qui est toujours en vigueur. Cependant, ce gouvernement est différent. Il est structuré comme étant une entreprise détenue par des capitaux étrangers et, se nomme UNITED STATES (tout en majuscules). L'entreprise UNITED STATES adopte une nouvelle constitution, gardant le même nom que la constitution originale en changeant simplement un mot dans le titre. Le mot Constitution **POUR** les États-Unis, est changé en Constitution **DES** États-Unis. (Constitution **FOR** the United States, devient CONSTITUTION **OF** THE UNITED STATES. « *L'Amendment Titles of nobility* » est retiré de cette nouvelle constitution " (Acte de 1871, s.d.)

Par conséquent, ce changement a fait de la constitution une propriété de l'entreprise UNITED STATES (tout en majuscules) et, NON la propriété du peuple.

Ce que nous appelons ÉTAT DE (Floride, Californie, etc…), est en fait une sous-société de l'entreprise UNITED STATES (tout en majuscules) engagée dans des questions commerciales. Cet ÉTAT ne doit pas être confondu avec l'État de l'Union de (Floride,

Californie, etc…), qui fait partie de la République d'origine d'avant la guerre civile.

Cette distinction a été reconnue dans de nombreux cas juridiques, notamment devant la Cour suprême des États-Unis. Pour en savoir plus sur l'acte de 1871, le livre *Cooperative Federalism de Gerald Brown, Ed.D.* (Brown)[5] est une excellente ressource.

En résumé, *L'Act de 1871* a permis la création de l'entreprise UNITED STATES, avec une seconde constitution qui porte presque le même nom que celle d'origine, mais dont le contenu est largement différent, et gouvernant tout le pays par le biais du commerce. Cette période marque le début de la seconde faillite américaine.

À propos du cartel des banquiers internationaux et de London City.

La cité de Londres, ou London City, ou encore *City* fut formée, lorsque les Romains sont arrivés en Grande-Bretagne il y a 2000 ans et ont ouvert un poste de commerce sur la Tamise. Exactement 1 000 ans plus tard, Guillaume le conquérant (le roi Guillaume I) accorda le statut de souverain à la City en 1066. Les rois qui ont succédé à Guillaume I, décidèrent alors, de construire une nouvelle capitale pour la ville de Londres, qu'ils nommèrent Westminster. Près de 6 siècles plus tard, Guillaume III étend et renforce, ce statut, permettant à la City de continuer à jouir de droits et privilèges séparés, tant qu'ils le reconnurent comme roi. Il signe notamment, une Charte royale qui permettra la création de la *Bank of England* en 1694. Les lois adoptées par le Parlement britannique ne s'appliquent pas à la cité de Londres. Néanmoins, la cité de Londres n'est pas une nation indépendante comme le Vatican.

Aujourd'hui, la cité de Londres est une ville d'une superficie d'1 mile (1,6km²). Les 2 Londres ont des mairies séparées et élisent des maires séparés, collectent des impôts séparés, pour financer des polices distinctes, qui appliquent des lois distinctes. *La City* a son propre drapeau et ses propres armoiries, contrairement à la ville de Londres qui n'en a pas. Le maire de la *City* et son titre fantaisiste, *« le très honorable lord maire de Londres »*, se déplace dans une calèche dorée à Guildhall, tandis que le maire de Londres porte un costume et prend le bus. Le maire de Londres n'a aucun pouvoir sur *le très honorable Lord-maire de Londres* (maire de la *City*). La cité de Londres est une entreprise, plus ancienne que le Royaume-Uni.

Mais plus important encore, La city est le siège de :

- La Bank of England (contrôlé par les Rothschild)

- Le Lloyds de Londres

- La Bourse de Londres

- Toutes les banques britanniques

- Les succursales de 384 banques étrangères

- 70 banques américaines

- Fleet Street, Siège historique des journaux et des maisons d'éditions ayant le monopole sur l'information.

- Siège de la franc-maçonnerie mondiale.

- Siège du cartel monétaire mondial connu sous le nom de « THE CROWN » (LA COURONNE).

La City est contrôlée par la *Bank of England*, une société privée appartenant à la famille Rothschild après que Nathan Rothschild ait provoqué le crack du marché boursier anglais en 1812. Il a alors pris le contrôle de la *Bank of England* grâce à ce coup.

La reine fait référence à la *City*, lorsqu'elle parle de « *The Firm* » mais celle-ci est aussi connue sous le nom de « *THE CROWN* » (qui n'a rien à voir avec la couronne britannique ou bien la royauté). De quoi donner une autre symbolique à la série du même nom, diffusée sur Netflix. Il n'y a pas de hasard, et les symboles sont le moyen de communication de ce pouvoir.

La *City* contrôle directement et indirectement tous les maires, conseils, conseils régionaux, banques multinationales et transnationales, entreprises, systèmes judiciaires (via la Old Bailey, le Temple Bar, et la Royal Courts of Justice de Londres), le FMI, la Banque mondiale , La Banque du Vatican (via la filiale italienne de NM Rothschild & Sons à Londres : Torlonia), la Banque centrale européenne, la Réserve fédérale des États-Unis (détenue par des intérêts privés et secrètement contrôlée par huit banques actionnaires sous contrôle britannique), la Banque des règlements internationaux en Suisse B.I.S (également sous contrôle britannique et qui supervise toutes les banques de réserve du monde entier), l'Union européenne et l'Organisation des Nations Unies. THE CROWN contrôle le système financier mondial et dirige les gouvernements de tous les pays du Commonwealth, ainsi que de nombreux pays « occidentaux » non-membres du Commonwealth (comme la Grèce). THE CROWN remonte jusqu'au Vatican, dirigé par le Pape (qui, lui, possède *American Express*). Mais avant tout, la City est aujourd'hui ce pour quoi elle a été créée à l'origine. En devenant la « One World Earth Corporation » *le monde entier sous une même entreprise*, la city détient le monde en termes de capitaux privés. Pour en savoir plus : (Waduge, s.d.)[6]

1910 CREATION DE LA RESERVE FEDERALE AMERICAINE.

Près de 40 ans plus tard, les États- Unis, sous la nouvelle forme d'entreprise UNITED STATES Inc, sont une économie en pleine expansion, grâce notamment aux industries du pétrole, du rail, de la métallurgie, et du textile. Le gouvernement a vendu assez de bonds pour faire fonctionner le pays et son économie. Durant les années qui précèdent la création de la réserve fédérale américaine, les Rothschild via JP Morgan, mettent la pression sur le marché américain en créant, entre autres, la panique de 1907. Cette opération leur permet de faire couler les banques qui leurs sont hostiles et de sauver celles qu'ils souhaitent préserver. L'une des banques qui fait face à la faillite durant cette période, est la principale banque de l'entreprise UNITED STATES Inc. Le remboursement de son prêt au cartel des banquiers est dû pour 1912. En anticipation de la faillite prochaine de UNITED STATES Inc, les familles les plus influentes de la planète se réunissent secrètement, en novembre 1910, à *Jekyll Island,* en Géorgie. Ces familles qui composent le cartel des banquiers, souhaitent discuter de la faillite à venir de l'entreprise UNITED STATES inc. et également trouver des solutions pour éviter de futurs problèmes de liquidité, comme ce fut le cas en 1907. Certains des membres qui assistent à cette réunion incluent : le sénateur Nelson Aldrich, Paul Warburg, des représentants de JP Morgan, et Jacob Schiff, qui représente la famille Rothschild. Ils proposent une extension de 20 ans supplémentaires sur la dette nationale, si le gouvernement accepte de créer une banque centrale privée qui servirait de dernier recours pour secourir les banques en cas de défaillance. Une semaine plus tard, ils en ressortiront avec ce qui sera plus tard appelé le système de réserve fédérale. Ils ont cependant un problème, le président Thaft , alors en poste, n'aurait jamais accepté de donner le système monétaire américain à ce cartel de banquiers privés en mettant en place la réserve fédérale américaine. Ils vont alors patienter jusqu'à l'élection de Woodrow Wilson qu'ils ont eux même choisis et financé, en 1912, sur la promesse qu'il signerait *Le federal reserve Act*. Une fois élu néanmoins, la tâche se complique. Beaucoup de puissants américains, parmi les plus influents, restent catégoriquement opposés à cette idée. Ils savent pertinemment que *Le federal reserve Act,* signifierait la fin du contrôle de la monnaie américaine par les États-Unis. Pour neutraliser cette résistance à la mise en place de la réserve fédérale américaine, JP Morgan décide alors d'inviter les principaux opposants à la création de la réserve fédérale, pour un voyage à bord du nouveau fleuron de sa flotte, récemment construit par son entreprise White Star Line : Le Titanic.

JP Morgan ordonnera lui-même au capitaine du navire de foncer dans un iceberg, et les principaux opposants à la réserve fédérale seront retenus en otage avec armes durant la panique qui suivra, les empêchant de monter à bord des canaux de sauvetage[7]. En une seule manœuvre, JP Morgan se débarrasse alors de tous les opposants à la réserve fédérale américaine. Parmi les opposants présents à bord du Titanic, 3 des hommes les plus riches du monde à cette époque périront dans le crash du paquebot : Benjamin Guggenheim, Isaac Strauss et John Jacob Astor.

En 1913, les États-Unis ne peuvent plus rembourser leurs prêts et se voient refuser un nouveau crédit. Ils sont alors au bord de la faillite et d'une nouvelle crise constitutionnelle. Sans aucune autre source de financement possible, Woodrow Wilson signe alors le *Le federal reserve Act*[8], et pour éviter toute opposition, le sénateur Nelson Aldrich fait passer cet acte discrètement parmi les deux chambres du congrès américain, le 23 décembre 1913, pendant que la plupart des sénateurs sont en vacances de Noël. Le président Wilson signe ensuite l'acte en tant que loi. Woodrow Wilson admettra plus tard, à propos de cette signature : « *j'ai involontairement ruiné mon pays* ».

Cet acte a permis à une entreprise privée et étrangère, sous le contrôle de la couronne d'Angleterre, de détenir les clés de l'imprimante à billets, située au département du trésor américain. Cette entreprise est aujourd'hui connue sous le nom de FED (Banque de la réserve fédérale américaine). La FED se présente comme étant une entité à but non lucratif et une des branches du gouvernement américain, mais en réalité, son conseil administratif n'est pas élu, et ses réunions se déroulent derrière des portes closes, loin du public.

Les membres du conseil d'administrations sont choisis par le président selon une liste préparée par les banquiers eux-mêmes.

Cette culture du secret qui entoure la FED, est d'autant plus suspicieuse lorsque l'on sait qu'elle gère aujourd'hui la politique monétaire mondiale, et qu'elle est considérée par beaucoup comme le *gendarme financier du monde.*

Après avoir perdu le contrôle des clés de l'imprimante à billet, la dette nationale américaine grimpe en flèche, car désormais le gouvernement fédéral doit payer un intérêt de 6% sur l'argent imprimé par la FED. Pire, cette dette ne sera jamais remboursée pour deux raisons.

Tout d'abord, la réserve Fédérale, requiert un remboursement de toutes les dettes en or, chose que le gouvernement ne possède pas. Ensuite, la portion de la dette que représente l'intérêt n'est pas comprise dans l'argent mis en circulation. En d'autres termes, un intérêt de 6% est appliqué sur l'intérêt original de 6%, augmentant constamment la partie de la dette que représente l'intérêt.

Pour couvrir le paiement de cet intérêt, le congrès passe, en amont de la création de la réserve fédérale américaine, une loi pour prélever un impôt sur le revenu de chaque américain. *L'income tax legislation* devient une loi en 1913 avec la ratification du 16ème amendement, aussi connu sous le nom de *income tax amendement*[9]. Il est important de noter que cet amendement est inscrit dans la seconde constitution crée en 1871, et non dans la constitution originale. En effet, cet amendement est contraire à *l'article 1, Section 9, Clause 4, No direct taxes (*pas de taxes directes)[10] de la constitution originale des États-Unis.

Techniquement, cet amendement n'a jamais été ratifié car il n'a pas obtenu assez de suffrages de la part du congrès qui avait compris que celui-ci violait la constitution. Malgré cela, *L'income tax legislation* a été mis en place. En agissant en tant que conseil d'administration de l'entreprise UNITED STATES Inc., un groupe de puissants sénateurs a simplement outrepassé le pouvoir du congrès pour entrer cet amendement sur la seconde constitution comme étant ratifié. Cet amendement n'a donc rien à voir avec la constitution originale et la confusion qui règne par rapport à *L'income tax legislation*, a permis la création d'une entreprise privée pour collecter l'impôt sur le revenu de chaque américain, aujourd'hui connue sous le nom de *IRS (Internal Revenue Service)*.

1929-1933, LA FIN DE LA SECONDE FAILLITE AMERICAINE.

La fin de la seconde faillite américaine se déroule sur plusieurs années avec quelques faits marquants.

Tout d'abord en 1929, le marché toujours manipulé par le cartel des banquiers s'effondre dans ce qui est connu sous le nom de *Black Tuesday*[11].

Plus de 3 ans plus tard, en 1933, la situation est toujours aussi catastrophique, les banques font faillite en chaîne, le gouvernement est plus endetté que jamais, et l'extension à 20 ans de la dette nationale signée en 1913, en échange de la création de la FED, arrive à son terme. Étant une fois de plus incapable de rembourser le prêt, l'entreprise UNITED STATES inc, doit déclarer faillite le 9 mars 1933. La date exacte de la faillite sur le contrat bancaire est le 2 Novembre 1929.

Franklin D Roosevelt, fraîchement élu, et son gouvernement, vont alors prendre une série de mesures qui hantent encore aujourd'hui les États-Unis, et tous les Américains.

Le 9 mars 1933, *The Emergency Banking Act (EBA)*, entre en vigueur afin d'imposer la fermeture des banques pendant quatre jours. Le décret prévoit la réouverture des banques une fois que les inspecteurs fédéraux les auront déclarées stables financièrement, autrement dit, solvables. La loi donne aussi le droit au Secrétaire du Trésor *(Secretary of the Treasury)* de confisquer l'or détenu par les particuliers, en échange d'un montant équivalent en monnaie papier.

En réalité, cet acte marque la dissolution du gouvernement fédéral américain. En effet, dans la partie *48 stat. 1, Public Law 89-719;*[12] Le président Roosevelt déclare l'entreprise en faillite et insolvable.

Le 5 avril 1933, *L'Executive Order 6102* est signé. Il empêche tout américain de posséder plus 160 grammes d'or, et l'oblige à déposer le surplus à la réserve fédérale en échange d'un prix équivalent à 20$ par ounce. Cet acte constitue le début effectif de la saisie de tout l'or américain par le gouvernement.

Le 5 juin 1933, Le congrès adopte une résolution commune nommée *House Joint Resolution 192.* Cette résolution suspend le *Gold Standard.*

L'étalon-or (en anglais : *Gold Standard*) est un système monétaire dans lequel l'unité de compte, ou étalon monétaire, correspond à un poids fixe d'or.

En réalité, cette décision de suspendre l'étalon-or dissous la souveraineté des États-Unis et les capacités de tous les bureaux gouvernementaux, et de tous les agents du gouvernement.

Source: United States Congressional Record, March 17, 1993

Le gouvernement américain a déclaré faillite et perdu sa souveraineté en 1933. Ceci est indiqué dans les Ordres Exécutifs 6073, 6102, 6111, et 6260, signés par Roosevelt, et confirmé par la décision de justice dans le cas :

Perry v. US (1935) 294 U.S. 330-381, 79LEd 912, et, 31 U.S.C. 5112 and 5119 and 12 U.S.C. 95a.

LE SYSTEME DU BIRTH CERTIFICATE ET LE DEBUT DE LA 3EME FAILLITE AMERICAINE

Malgré toutes ces mesures, le gouvernement n'arrive pas à accumuler assez d'or pour rembourser ses dettes auprès de la réserve fédérale et du cartel des banquiers. Les banquiers ne veulent plus faire de prêts au gouvernement américain et celui-ci fait face au risque de ne plus pouvoir fonctionner correctement. C'est alors que le gouvernement décide de mettre en place une idée "ingénieuse". Ils décident de garantir le remboursement de leurs prêts avec le labeur de tous les citoyens concernés par le $14^{\text{ème}}$ amendement, autrement dit, tous les citoyens américains. Ils vont articuler cette idée en créant et en monétisant le système des actes de naissance, connu sous le nom de *Birth Certificate* aux USA.

Ils réussissent ce tour de force en créant un *Foreign situs trust* (un trust situé à l'étranger) et en utilisant le nom de chaque citoyen en lettres capitales, comme entité gestionnaire de ce trust. Chaque citoyen qui naît après cette manœuvre est alors représenté par son nom en lettres capitales au *foreign situs trust*, comme étant la garantie de remboursement des futurs prêts de l'entreprise UNITED STATES inc grâce à son labeur.

Le certificat de naissance aux États-Unis n'est pas la propriété de la personne concernée. Le certificat est la propriété du gouvernement qui, lui, détient la copie originale. Il délivre une attestation au besoin qui vaut pour copie certifiée, et non l'original. Puisque le gouvernement détient la propriété du certificat, chaque Américain est désormais considéré comme un employé de l'entreprise UNITED STATES Inc. Cette subtilité fait la différence entre un individu et une personne. Un exemple est le *Title 5* de l'U.S Code 5 USC 552A (a)(13), où un individu (*an individual)* et une personne *(a person)* ne signifient pas la même chose.

Une fois reçu par le gouvernement, le certificat de naissance de chaque citoyen est envoyé au département du transport, qui l'envoie à son tour au département du trésor américain. Le département du trésor américain délivre alors un bon au porteur contre ce certificat qui est garantie par le futur labeur du citoyen en question.

Il ne reste alors plus qu'à obtenir le consentement de chaque Américain à ce plan "machiavélique".

Ça sera chose faite avec la mise en place du *Social Security Administration*. Sous la promesse de fournir une protection en cas de chômage, une retraite, des services pour les enfants, et une sécurité en cas de maladie, ce programme enrôle, volontairement, la quasi-totalité des Américains. Tout citoyen américain possède aujourd'hui un numéro de sécurité social qui l'attache directement à son alias en lettres capitales.

Ce système permet à la réserve fédérale américaine de garantir le remboursement des prêts qu'elle effectue au gouvernement américain et de la dette nationale, grâce au labeur de tous les citoyens. Suite à cette manœuvre totalement illégale, les prêts de l'entreprise UNITED STATES inc, alors en faillite, peuvent enfin reprendre.

Source : Karen Hudes[13] qui a travaillé durant plus de 20 ans dans le département juridique de la Banque mondiale. Elle est devenue lanceuse d'alerte et a été bannie par l'institution lorsqu'elle a commencé à expliquer comment ce système s'articule.

L'ACTE DE NAISSANCE, LA PLUS GRANDE FRAUDE COMMISE CONTRE L'HUMANITE. UN SYSTEME GLOBAL D'ESCLAVAGE.

En utilisant les actes de naissance de tous les citoyens comme garantie financière, le gouvernement américain vient de transformer ses citoyens en entités, pouvant désormais être échangées comme du bétail sur les marchés boursiers du monde entier. Et c'est précisément, en s'intéressant au système des actes de naissance, que le sergent Robert Horton et son équipe, vont découvrir un plan vieux de plusieurs centaines d'années, visant à réduire en esclavage le monde entier. Ce complot concerne les 3 villes-états que sont le Vatican, la cité de Londres, et Washington DC. Le plan est de réduire en esclavage tous les êtres humains au service de quelques-uns. Un de ces exemples est celui des États-Unis, où depuis 1933, et la mise en place du système d'acte de naissance qui sert de commodité sur les marchés, les êtres humains viennent de perdre leur souveraineté.

Mais en quoi un acte de naissance échangé en bourse réduit-il un être humain en esclave ?

Le système que le sergent Robert Horton et son équipe vont découvrir est encore plus subtile et conséquent.

Tout d'abord, pour comprendre comment l'acte de naissance est un outil qui est utilisé contre toute l'humanité, il faut comprendre que le système global dans lequel nous vivons est un système basé sur :

- Le commerce : Tous les échanges et interactions sont essentiellement des contrats commerciaux.

- Le temps (grâce au calendrier grégorien) : Tous les échanges commerciaux ont cet aspect du temps.

- Le transport maritime, lui-même régit par le droit maritime à son plus haut niveau international.

Qu'est-ce que le droit maritime ?

Définition du droit maritime actuel

Le droit maritime, également connu sous le nom de droit de l'amirauté, est un ensemble de lois, de conventions et de traités qui régissent les affaires maritimes privées et d'autres questions nautiques, telles que le transport maritime ou les infractions commises en eau libre. Les règles internationales, régissant l'utilisation des océans et des mers, sont connues sous le nom de droit de la mer.

Points importants :

- Le droit maritime régit les questions maritimes privées, les différends, ou les infractions et d'autres questions nautiques.

- Dans la plupart des pays développés, **le droit maritime suit un code distinct et il est une juridiction indépendante des lois nationales.**

Source : wikipédia

L'origine

Ce système de lois a été originellement codifié par la république de Venise à partir du 11ème siècle. Il a ensuite été affiné durant les siècles qui ont suivis, pour gouverner :

- Les mouvements

- La propriété

- Le transport et l'assurance

- Le commerce

- La navigation

- La responsabilité

- Les privilèges

- Le financement

De tous les cargos sur tous les océans.

Le droit maritime est, de façon ultime, la fondation du droit international.

En s'auto-proclamant maître du temps et de la mer, le Vatican se positionne comme étant le maître de ce système global. Il contrôle le monde en supervisant donc tous les mouvements de tous les cargos sur tous les océans.

Il reste alors à ce système la partie la plus délicate : transformer chaque individu en cargo et le mettre sur la mer.

Qu'est-ce que tout cela à voir avec l'acte de naissance ?

Lorsque l'on naît dans un hôpital, on insiste sur le fait qu'il est impératif d'obtenir un acte de naissance pour notre enfant, le plus rapidement possible. L'accent est mis sur le fait que sans état civil notre enfant risque d'avoir des problèmes avec l'administration. Vient ensuite le moment de remplir cet acte de naissance, et c'est là où la supercherie intervient. En remplissant l'acte de naissance, on écrit le nom de famille en lettres majuscules.

D'après le *Black's Law Dictionary,* le dictionnaire juridique le plus utilisé dans les pays Anglo saxons (souvenez-vous de London City qui contrôle tout le système judiciaire mondial), notamment aux États-Unis.

LE NOM TOUT EN MAJUSCULES[14]

Le nom en majuscules, utilisé par le gouvernement, selon le Black's Law Dictionary, désigne une fiction juridique, et non l'être humain vivant à moins que vous n'acceptiez d'en devenir le garant. Vous y consentez en signant votre nom sur un document dont l'orthographe est en majuscules et en répondant à une convocation envoyée à la fiction.

Le seul endroit où l'on pourrait trouver un nom écrit en lettres majuscules est sur une pierre tombale, car à ce moment on devient une entité non vivante.

En signant l'acte de naissance, le parent ou l'officier d'état civil commet ce qu'on appelle une *Nécromancie*[15], autrement dit, une communication avec les morts. Le nom en lettres majuscules correspondant à une entité non vivante et la signature calligraphique à celle d'un être vivant.

Grâce à cette supercherie, couplée au système de lois maritimes, chaque être humain qui naît dans ce système (lorsque l'on signe un acte de naissance à son nom) est automatiquement considéré comme étant un cargo (vaisseau, bateau), décédé ou perdu en mer, et ce, dès la naissance.

- À partir de là, toute interaction avec le système se basera sur cette fiction de représentation qui n'est pas l'être humain vivant.

- Tous les documents crées par l'administration qui indiquent le nom en lettres majuscules font référence à la fiction juridique et non l'être humain vivant.

- Cette fiction juridique est la propriété directe du Vatican qui prétend, grâce à cette supercherie, être le propriétaire de toutes les âmes, de ceux qui font partie de ce système.

À propos du Vatican et du Saint Siège.

La Cité du Vatican ne fait pas partie de l'Italie ou de Rome.

À partir du XIIIème siècle environ, plusieurs familles aristocratiques du nord de l'Italie, infiltrées par les Khazars bien plus tôt, ont commencé à se développer pour devenir la plus haute des élites dirigeantes grâce à l'accumulation de vastes richesses dans les entreprises bancaires et marchandes. Ces élites dirigeantes ont vu leur richesse exploser grâce aux pratiques sataniques, aux sacrifices de sang, et d'enfants. Cette noblesse noire vénitienne a alors commencé à s'installer dans les zones proches du centre de pouvoir du Vatican.

Ces familles ont petit à petit structuré la papauté pour exercer leur pouvoir dans l'ombre la plus totale.

Ils ont notamment créé l'ordre des Jésuites il y a environ 500 ans, structuré en une opération militaire secrète réservée aux hommes, ayant commencé à infiltrer l'aristocratie de l'époque pour gagner encore plus de pouvoir et de contrôle sur la géopolitique. Au fil du temps, le serment secret des jésuites d'obéissance totale au général suprême a finalement fait évoluer son rôle pour en faire aujourd'hui, celui qu'on appelle « le pape noir ». Avec ce rôle, l'influence de celui-ci au sein du Vatican a considérablement augmenté et il contrôle aujourd'hui pleinement, l'obscène richesse de la papauté souvent volée, et cachée dans les voûtes souterraines du Vatican. Le contrôle jésuite sur l'institution du Vatican a évolué de génération en génération. De nombreuses autres organisations subsidiaires lui permettent de gérer toutes les autres opérations diverses, telles que l'Ordre militaire de Malte, ainsi que la création de diverses banques centrales, sociétés secrètes et cultes. Beaucoup de ces organisations subsidiaires, dirigées par les jésuites de haut rang, ont été la force motrice derrière la création des Nations Unies, du Fonds Monétaire International, de l'Organisation mondiale du commerce et de l'OTAN après la Seconde Guerre mondiale. Ce sont des organisations « mondialistes » qui ont été mises en place pour protéger les monopoles et les intérêts commerciaux des 13 familles de la noblesse noire vénitienne.

Le Saint-Siège, l'entreprise qui contrôle le monde.

Le Saint-Siège est une entreprise (ou personne morale), sujet de droit international, qui entretient des relations diplomatiques avec les États et qui est membre d'organisations internationales, ou y est représenté. Il est souvent associé à la cité du Vatican, le lieu de son siège social. Néanmoins, ces deux entités sont bien distinctes. Le Saint-Siège est une entreprise appartenant à la cité de Venise (plus précisément à la noblesse noire vénitienne) via les Franciscains.

Le Saint-Siège a été formée en 1250 lors d'une cérémonie entre le Franciscain Doge Giovanni Bernadone « Marco » Morosini (Moriconi) et le pape Innocent IV sur un bateau dédié à « satan » appelé le *Bucentaure* (le beau centaure), à proximité de la place Saint Marc, lorsque le Doge a jeté l'alliance papale dans la mer durant un rituel religieux au cours duquel « Saint Francis » est devenu le premier huissier à prononcer ces mots :

« desponsamus te mare in signum veri perpetuique dominii »

« Nous vous récoltons (réclamons, prenons), la mer, au nom du vrai et éternel Seigneur »

Par ces mots, il entérine le mariage de la cité de Venise avec le Saint-Siège, et surtout avec la mer. (Voir mariage de venise avec la mer sur Wikipédia)[16]. Ces vœux entre les propriétaires de la mer, la noblesse noire vénitienne et les maitres de l'église catholique romaine sont renouvelés chaque année.

1999, LA FIN DE LA 3EME ET DERNIERE FAILLITE AMERICAINE

Nous sommes en 1999, le cartel des banquiers qui prête allégeance à la Couronne, ou THE CROWN, joue désormais la montre. Le 2 novembre 1999, le 3ème et dernier contrat qui lie l'entreprise UNITED STATES Inc à la Grande Bretagne, et aux banquiers, doit prendre fin. Le plan stipule qu'une fois que ce contrat sera arrivé à échéance, la Grande Bretagne pourra capturer les États-Unis qui feront ainsi partie de la monarchie Britannique, propriété de l'entreprise THE CROWN qui remonte jusqu'au Vatican. Avec cette capture, le but est de déployer le Nouvel Ordre Mondial en commençant par fusionner les USA, le Canada et le Mexique sur un modèle semblable à l'Union Européenne qui s'appellerai le *North American Union* (NAU)[17], avec une monnaie commune, dont le nom serait *l'Améro*. Il s'agirait d'un gouvernement centralisé et contrôlé par le Vatican et la noblesse noire vénitienne. Tous les plans sont définis, et la future monnaie est même déjà frappée.

Le contrat arrive à échéance le 2 novembre 1999, et les États-Unis sont à nouveau en faillite. Lorsque ce moment arrive, le bureau de poste que la Grande Bretagne a ouvert dans l'enclave qu'est Washington DC doit fermer. La reine doit quitter son poste de

Postmaster General des États-Unis. Le plan est d'attendre les 90 jours réglementaires, pour ensuite permettre à la Grande Bretagne de revenir pour payer la dette des États-Unis, maintenant due au Fonds Monétaire International (FMI) et à la banque mondiale (World Bank), et ainsi devenir le nouveau souverain propriétaire des États-Unis. Une fois devenu le propriétaire légal des États-Unis, THE CROWN va pouvoir l'ajouter à son plan de contrôle global et de nouvel ordre mondial. Ils savent que les États-Unis sont insolvables et qu'ils ne pourront pas rembourser eux-mêmes la dette.

Les États-Unis se retrouvent alors sans gouvernement et sans présidence pendant une période de 18 jours. En effet, le président qui a toujours été le dépositaire/garant pour les prêts n'a plus de fonction dans ce contrat, puisque le contrat est échu.

Pendant cette fenêtre de 18 jours, *:Russell-Jay: Gould* et *David-Wynn: Miller* passent à l'action. Ils ont étudié toute l'histoire américaine, notamment les 3 faillites, et surtout tout le système maritime qui contrôle le monde. Ils connaissent particulièrement bien les juridictions neutres dans ce système : les Tribunaux.

Les Tribunaux sont considérés comme des ports neutres dans ce système de contrôle qui fonctionne grâce au droit maritime.

LA CAPTURE DE TOUS LES TITRES MONDIAUX PAR : RUSSELL-JAY : GOULD ET DAVID-WYNN : MILLER

Tout d'abord, *:Russell-Jay: Gould* et *David-Wynn: Miller* se rendent au Pentagone. Ils leurs demandent s'ils détiennent un brevet et les droits d'auteurs sur le *Title 4 flag* . Le Pentagone répond que non, et que personne ne leur a jamais posé cette question. Ils indiquent alors qu'ils ont syntaxé la grammaire sur le contrat de l'U.S Code, et que celle-ci étant une fraude mathématique elle est, par conséquent, disqualifiée.

Ils indiquent également que les États-Unis sont sur le point d'être capturés, et, qu'en tant qu'Américains il est de leur droit et devoir de protéger leur pays contre tout ennemi domestique ou étranger.

Après ces deux points, ils terminent par cette phrase : *Nous avons donc capturé le drapeau américain original* !

Ils se rendent aussi aux Nations Unies, pour s'enregistrer avec ce drapeau en tant que nation souveraine.

:Russell-Jay: Gould et *David-Wynn: Miller* ont leur propre constitution, leur propre langage, leur propre grammaire, une table périodique des éléments, leur propre système bancaire et une charte. Ils ont déjà des traités en place avec les États-Unis

notamment, le tout rédigé dans un langage quantique. Les 200 membres des Nations Unies votent alors à l'unanimité pour leur attribuer le statut de nation souveraine.

Mais il reste encore un problème majeur. Tous les territoires sur Terre sont déjà occupés par des nations souveraines. On leur demande alors quel territoire ils choisissent pour instituer leur nation souveraine.

Ils répondent alors : *Nous choisissons le territoire des tribunaux durant la durée du contrat.*

En faisant ce choix, ils acquièrent la plus haute position dans ce système et le tribunal le plus puissant sur terre.

Pendant les 18 jours où les États-Unis sont ouverts à la capture, *:Russell-Jay: Gould* se positionne comme le *Postmaster general* pour les États-Unis et permet au commerce de continuer à être conduit sous son autorité , et non celui de la Grande Bretagne.

:Russell-Jay: Gould et *David-Wynn: Miller* viennent de ruiner un plan vieux de plusieurs centaines d'années. Ils viennent de sauver les États-Unis de la capture et ils possèdent désormais la propriété du *Title 4 flag*.

En 2003, ils établiront un bail de location du drapeau américain pour la Navy.

En prenant le contrôle des États-Unis, ils deviennent également *postmaster General* du Canada et de tout le continent Nord-Américain. Ils vont ensuite continuer à disqualifier les divers contrats mondiaux grâce à leur syntaxe grammaticale et occuper les postes mondiaux les plus importants.

Pour ce faire, ils vont commencer par le poste le plus important en se rendant à *l'Union Postale Universelle* à Berne, en Suisse.

En capturant ces postes, ils viennent d'invalider le plan connu sous le nom du *New world Order*, qui, en passant par the CROWN, vise à utiliser les Nations Unies pour établir une taxe globale et un gouvernement unique centralisé pour le monde entier.

Ces entités se retrouvent soudainement sans charte pour pouvoir exister en tant qu'entreprises. Le cœur même de leur existence, que sont les chartes, vient d'être invalidé par la syntaxe grammaticale des contrats.

Tous les grands appareils de gouvernance américains et mondiaux sont alors disqualifiés.

Les élections présidentielles de 2000 et L'histoire des « Florida Chad »

Lors des élections américaines de 2000, ces entités qui n'ont plus de charte pour fonctionner, doivent désormais trouver un moyen de continuer à faire exister les divers appareils de gouvernance aux yeux du public.

En effet, les chartes qui autorisent le bureau de poste sont maintenant invalides. À partir de là, d'autres chartes auraient dû être négociées et signées afin de pouvoir avancer. Mais au lieu de cela, ces entités et leurs contrôleurs vont directement violer leurs propres contrats.

Normalement, le bureau de poste U.S (*U.S postal*) aurait dû libérer la fonction, et le poste de président, mais également quitter la propriété, d'où s'exerce son rôle, à savoir la Maison Blanche, car les pères fondateurs qui ont créé la constitution d'origine, ne sont plus là pour signer un avenant à celle-ci qui aurait permis à ces deux éléments de rester en vigueur.

Il n'y aurait pas dû y avoir d'élections présidentielles en 2000, jusqu'à ce que, de nouvelles chartes puissent être négociées et signées.

Ils vont alors outre-passer leurs propres règles en violant l'U.S Code *Title 39 Section 1001, Sub Sub section A and subsection B*

Cette partie *39 de l'U.S Code,* permet, à l'origine, la mise en place de la fonction et du rôle de président, ainsi que des autres rôles gouvernementaux, dans la construction maçonnique.

Ils vont alors choisir d'usurper le rôle de président, de façon discrète, sans éveiller les soupçons du public.

Pour cela, ils vont mettre en place une ruse pour tromper le peuple américain. Plutôt que d'élire un président le jour de l'élection, qui est toujours le premier mardi, après le premier lundi, du mois de novembre, ils vont créer une mise en scène, pour élire un président de façade, qui contractuellement, ne provient pas des chartes, invalides, mais qui leur permettra de garder médiatiquement l'autorité sur le peuple américain. Avec ce subterfuge, ils réussissent à créer l'illusion du rôle de président. Leur objectif est de créer ensuite une entreprise privée qui contractualisera cette supercherie.

:Russell-Jay: Gould sait qu'il leur est impossible de désigner un président le soir de l'élection du 7 Novembre 2000. Il ne sait pas encore comment ils vont s'y prendre, mais il sait qu'ils ne peuvent pas annoncer de poste de président étant donné qu'ils ne possèdent pas les autorisations nécessaires pour le faire. Il est tellement sûr de son fait, qu'il fait un pari avec sa grand-mère.

Celle-ci s'inquiète à l'époque, de le voir faire des aller-retours en prison, à cause de ses récentes découvertes sur le fonctionnement du monde.

Elle pense que Russel, est un garçon extrêmement intelligent, qui devrait retourner à l'école pour étudier un sujet de son choix, ce qui lui attirerait moins de problèmes.

:Russell-Jay: Gould lui fait alors le pari suivant :

Si, ils annoncent un président le soir de l'élection du 7 Novembre 2000, il retournera à l'école lors du semestre suivant. Cependant, s'ils n'annoncent pas de vainqueur, il continuera sa quête pour exposer cette fraude, car il est sûr de lui.

Et, en effet, le soir de l'élection 2000, le décompte des votes est arrêté dans ce qui est aujourd'hui connu sous le nom de « *Florida Chads* », ou les « *petits trous de Floride* ».

Les « *Florida Chads* » font référence à la confusion qui a suivi les élections américaines de 2000.

Le scrutin est marqué par les déboires post-électoraux des deux candidats principaux, le démocrate Al Gore et le républicain George W. Bush, qui doivent attendre les résultats de l'État de Floride pendant plus d'un mois.

Bush gagne la Floride avec 537 voix d'avance. Ces résultats sont contestés par Al Gore. S'en suit un imbroglio médiatique et judiciaire. Les bulletins de votes et les machines qui les perforent sont au centre de ce fait sans précédent dans l'histoire américaine. Certains des bulletins sont considérés comme étant invalides, à cause des trous, mal perforés, le tout sur des critères plutôt cocasses. Un second recompte est demandé.

Georges W. Bush sera finalement intronisé président après cette affaire. La Cour suprême des États-Unis estimant dans son arrêt *Bush v. Gore* le 12 décembre 2000, que le recompte ordonné par la Cour suprême de Floride est anticonstitutionnel par 7 voix contre 2, et par 5 voix contre 4, et qu'il est impossible d'effectuer un recompte constitutionnel dans les délais impartis par la Constitution des États-Unis. Voici pour le côté médiatique de cette affaire.

En réalité, une fois la poussière retombée, le cartel des banquiers internationaux a créé une entreprise privée, UNITED STATES Inc, qui s'installe à Washington DC pour gouverner le peuple américain avec comme CEO, Georges Bush Jr. Le drapeau américain original étant capturé, cette entreprise utilise alors un drapeau de 3 *feet* sur 5 *feet*[17]. Une taille de drapeau non reconnue par les Nations Unies, et non reglementaire d'après le *Title 4 Flag*.

La fonction de président n'existe plus depuis l'an 2000 aux USA. Ce que nous voyons depuis, est la mise en place d'un patron d'entreprise qui ne porte le titre de président que pour le folklore médiatique. Cette ruse permet à ce groupe de garder le contrôle par la force en coulisses.

LA SYNTAXE GRAMMATICALE ET LA DISQUALIFICATION DE TOUS LES CONTRATS MONDIAUX.

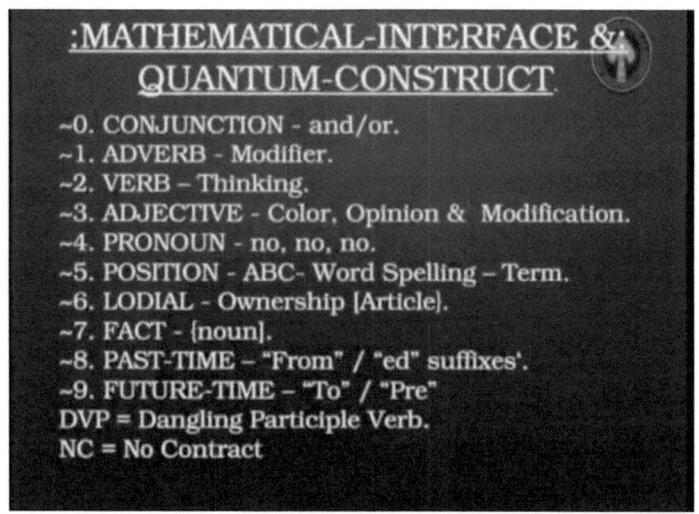

Voici le code « key »[18] utilisé pour décoder tous les contrats qu'ils souhaitent analyser.

Après, toutes ces découvertes étonnantes sur l'histoire de *:Russell-Jay: Gould* et *David-Wynn: Miller,* quelques questions restent toujours en suspens pour Robert Horton et son équipe d'enquêteurs, notamment :

- Quelle est cette syntaxe que :*Russell-Jay: Gould* et *David-Wynn: Miller* utilisent ?

- Et surtout, qu'est-ce qui confère une telle autorité à cette syntaxe pour invalider tous les contrats mondiaux ?

Chacun des contrats est annoté avec ce code qui n'est autre qu'une interface mathématique dans laquelle chaque mot est disséqué pour lui attribuer un ou plusieurs chiffres. Ce code, ou clé, est appelé **QUANTUM-LANGUAGE-PARSE-SYNTAX-GRAMMAR.** C'est une interface de grammaire quantique qui utilise les mathématiques pour certifier la validité du contrat en question. Cette interface a été découverte pour la première fois le 6 avril 1988 par *David-Wynn: Miller.*

L'utilisation de la grammaire quantique signifie que chaque document dans chaque langue se lit exactement de la même manière de haut en bas, ou de bas en haut. Cela crée une preuve mathématique (ou un fait), et une boucle infinie (ou point zéro) lorsque le texte est lu.

La formule mathématique de la grammaire quantique se traduit de la façon suivante :

$$[1+2=3] \ [3-2=1]$$

$$[2 \times 3=6] \ [6/3=2]$$

Elle se lit de la même façon à l'endroit ou à l'envers.

La grammaire quantique n'est en réalité que des mathématiques. C'est d'écrire et de parler avec la bonne structure qui établit qu'un scénario est toujours dans le présent (dans 100 ans le contrat en question se lira toujours, comme s'il venait d'être écrit), et basé sur des FAITS. Une phrase qui est invalide de ce point de vue est alors juste une illusion ; un mensonge. Car il n'y a aucune illusion avec le langage quantique.

Pour mieux comprendre cette syntaxe, il faut analyser la signification de quelques mots du langage actuel. Cette analyse de la structure d'un mot est ce que l'on appelle *Parse* en anglais.

Voici quelques exemples avec des mots en anglais :

Declaration = de| clar | at | ion

- De=No

- clar = speak

- at= contract

- ion = contract

Declaration est censé indiquer un mouvement ou l'action de déclarer / Un discours ou un écrit par lequel on déclare.

Syntaxé par la grammaire quantique, ce mot veut en réalité dire : **pas de contrat de parole.**

Independence = In| de | pen | de | ence

- In= no

- De = no

- Pen = write

- De = No

- Ence = contract

Independence est censé indiquer le fait ou l'acte d'être indépendant ou autonome.

Syntaxé par la grammaire quantique, ce mot veut en réalité dire : **pas de droit d'écrire un contrat.**

Declaration of independence qui sont les premiers mots sur la déclaration d'indépendance américaine écrite en 1776 par Benjamin Franklin, veut en réalité dire : **pas de droit d'écrire un contrat/ Pas de droit de lire un contrat.**

Action = Act|ion.

Act= No

Ion= contract

Action est censé indiquer un movement, une décision ou tout simplement une action.

Syntaxé par la grammaire quantique, ce mot veut en réalité dire : **pas de contrat**.

Default = De|fault

De= No

fault = faute

Default qui est censé signifier absence de ce qui serait nécessaire ou désirable.

Avec la grammaire quantique, devient : **Pas de faute**

De quoi remettre en perspective tout le langage que nous connaissons aujourd'hui et sa signification. Car c'est bien de cela qu'il s'agit. En remontant l'histoire du langage sur plus de 8500 ans et les plus de 7 000 langages qui ont existé depuis, *David-Wynn : Miller* s'est aperçu que cet outil a été utilisé comme un outil de controle uniformisé depuis longtemps. La supercherie réside dans le fait que les textes et les mots, dans tous les langages, peuvent avoir plusieurs significations en fonction du contexte.

La grammaire quantique met fin à cette notion d'ambiguité par rapport aux mots et les ramifications que cette ambiguité entraine. Elle met également fin à la fraude et à la triche, souvent contenue dans les contrats ou textes partout dans le monde, grâce aux mathématiques.

Le langage, et plus particulièrement sa structure, sont la racine de la déception qui a permis à un groupe et une idéologie de contrôler dans le secret total la quasi majorité des populations mondiales .

En utilisant la grammaire quantique, et la syntaxe que *David-Wynn: Miller* a crée en 1988, *:Russell-Jay: Gould et David-Wynn: Miller* viennent d'invalider tous les contrats de tous les pays et nations sur plus de 8500 ans, et dans plus de 7 000 langues.

La grammaire quantique transforme le langage en mathématiques, et comme le note si bien *David-Wynn: Miller* , « *No country has ever gone to war over a math problem* » : aucun pays n'a jamais déclaré la guerre à cause d'un problème de mathématiques.

Le langage quantique met fin à la fraude, la supercherie, l'exploitation et les guerres. Il n'y a plus de notion d'ambiguïté dans les contrats, aussi bien entre les êtres humains, qu'entre les nations et les systèmes. Ce qui est écrit est l'intention et seule l'intention est retranscrite. En rétablissant un fait mathématique, on élimine les notions de passé et de futur dans les contrats et leur interprétation. Celle-ci se fait toujours dans le moment présent ou le '*Now-time*'.

UNE NOUVELLE REPUBLIQUE POUR LES ÉTATS-UNIS.

Avant 1999, et la capture des États-Unis, *Russell-Jay: Gould et David-Wynn: Miller* avaient déjà préparé le terrain en établissant les éléments cités ci-dessous pour la nouvelle république à venir. Ils ont déjà dans un language quantique :

- Une nouvelle U.S constitution

- Un nouveau Bill of rights

- Une nouvelle Declaration of Independence

- Un nouveau système bancaire quantique (Quantum Banking System)

- De nouvelles chartes pour tous les gouvernements fédéraux et municipaux

- Ils ont capturé les drapeaux de l'Army, Navy, Air force, Marines, Coast Guard.

À propos du système bancaire quantique et de la réserve fédérale américaine.

En même temps que la capture des États-Unis en 1999, *:Russell-Jay: Gould* soumet son système bancaire quantique appelé *Quantum Banking System* au département du trésor américain dans l'Utah. En faisant cela, il vient d'invalider et de notifier à la réserve fédérale amériaine FED, que leur présence est désormais illégale sur le territoire qu'il vient de capturer. Depuis 1999, la FED imprime et distribue la monnaie américaine illégalement . Dans la construction de son contrat pour la nouvelle république américaine, et grâce à la table périodique des éléments qu'il a crée, il a inclus un contrat pour pouvoir éméttre et battre la nouvelle monnaie américaine.

C'est la première fois dans leur histoire que les États-Unis peuvent émèttre leur propre monnaie. Cette impréssion de la monnaie avait toujours été la propriété du cartel des banquiers internationaux, grâce la couronne (THE CROWN).

Ils ont remis, grâce à ces mouvements, tous les appareils de contrôle du gouvernement américain sous leur correcte forme en utilisant le language quantique pour certifier les contrats par une preuve mathématique.

NOW-TIME UN SYSTEME QUANTIQUE COMPLET POUR TOUTE L'HUMANITE.

Une fois tous les contrats mondiaux disqualifiés, :*Russell-Jay: Gould et David-Wynn: Miller* mettent en place tout un système de gouvernance basé sur la mécanique quantique appelé *Now-Time*, et, qui, de par sa complexité, invalide complètement le système global de gouvernance actuel.

Ce système possède sa propre juridiction et son propre système de gouvernance appelé :*Global-FEDERAL-Governement System*.

Il posssède également son propre tableau périodique des éléments qui, de par sa complexité quantique, invalide le tableau périodique actuel.

La base sur laquelle le *Now-Time system* existe et fonctionne est la vérité, ou *TRUTH*.

Comment ce système invalide t-il le système actuel ?

Pour invalider le système actuel, il faut comprendre son fonctionnement au plus haut niveau, et surtout, d'où provient son autorité Pour ce faire, ils doivent remonter à la couronne (THE CROWN), pour comprendre ce qui lui confère son autorité sur le monde entier. Cette quête les mène à la Franc- maçonerie et à sa connaissance dans tous les domaines de la vie sur terre. Ils vont alors éplucher tous les livres maçoniques, notamment le plus important d'entre eux : *The secret teachings of all Ages* de **Manly P. Hall**[19] . Ce livre est considéré par beaucoup de loges maçonniques comme le *Holy Grail* de l'humanité, grâce à la somme de connaissances qu'il contient. C'est également sur la base de ce livre et des autres livres maçonniques importants qui enseignent l'ésothérisme, les lois naturelles de l'univers, et la physique sur la mécanique de la manifestation, que les instances gouvernantes mondiales s'attribuent l'autorité et la gouvernance sur les peuples mondiaux. Cette question d'autorité est un sujet complexe. Pour la résumer simplement, de leur point de vue ils possèdent un savoir supérieur dans les domaines importants de l'univers, et ils ont donc le pouvoir de guider l'humanité avec son consentement.

Ce consentement, qui est primordial en vertue des lois naturelles, nous le donnons lorsque nous acceptons les différents agendas qui nous sont proposés.

La supercherie réside alors dans le fait que les agendas qui nous sont proposés ne sont que ceux qui bénéficient à ce groupe sur le long terme.

Les agendas qui bénéficieraient au plus grand nombre sont quant à eux soigneusement mis de côté, dans le but de garder un contrôle sur la direction collective de l'humanité.

Ils vont alors syntaxer ce livre, et les livres maçoniques les plus importants, et les réecrire, en utilisant la grammaire quantique.

Ils vont ensuite les enregistrer au Vatican , et avec la NSA aux États-Unis, et à d'autres endroits clés de la planète. Le Vatican étudie et connait l'existence du travail de *David-Wynn: Miller* depuis 1994, au minima.

En corrigant et en réecrivant ces livres sur la somme des connaissances de l'humanité d'une façon correcte grâce au système quantique, ils viennent d'invalider l' autorité des livres qui servent initialement à tout ce système pour gouverner et contrôler l'humanité. Ils viennent de créer un nouveau système pour coder et décoder l'existence, qui est basé sur une vérité mathématique impossible à usurper.

Avec ces éléments en mains, il ne leur reste plus qu'a attendre le bon moment de l'histoire pour pouvoir lancer ce système. Ca sera chose faite en 1999, avec la caputre du titre de *Postmaster general* pour les États-Unis.

La mise en place du système quantique mondial.

Ils se rendent dans tous les lieux clés, qui forment la pyramide de construction du contrôle mondial pour invalider les chartes alors en place, et leur remettre, les nouvelles chartes quantiques, qui établissent désormais une preuve et une vérité mathématique, et invalident la base de fonctionnement de notre existence. Ces lieux sont :

- L'Organisation Maritime Internationale (OMI)

- L'Union Postale Universelle (Berne en suisse), clé de voute de ce système.

- Le Bureau international des poids et mesures , dont les contrats ont été invalidés par le nouveau tableau périodique des éléments, Quantique.

- Bureau International des Brevets (tous les brevets mondiaux sont alors disqualifiés).

De plus, en ayant les tribunaux comme territoire ou juridiction, ils disqualifient complètement le système actuel à chaque fois, car ce système est basé sur le contrat.

Et, où sont défendus les problèmes liés aux contrats dans ce système ?

Dans les tribunaux.

Les tribunaux sont leur territoire, et ont étés reformés pour être une construction correcte d'un point de vue quantique. Tous les litiges liès aux contrats qui apparaisent dans les tribunaux sont désormais disqualifiables.

Cela veut dire que n'importe quel contrat dans le monde peut désormais être disqualifié, et nullifié, car peut être qualifié de fraude grammaticale et mathématique.

Imaginez-vous, les répercutions sur le monde entier, et la vie sur terre, telle qu'on la connaît.

:Russell-Jay: Gould et David-Wynn: Miller viennent de battre le système maçonnique entier, sur son propre terrain et avec ses propres règles.

Mais, de retour aux États-Unis après leur tour de disqualification des contrats du monde entier, les choses ne se passent pas vraiment comme prévu.

LES CHOSES SE DEGRADENT.

Une fois de retour au pays, l'accueil qui attend plus particulièrement :*Russell-Jay: Gould*, n'est pas celui auquel il s'attend. Étant le seul enregistré sur le *Title 4 Flag*, il est attendu de pied ferme par le Five Star Trust.

Ce Trust, qui travaille pour le compte de la noblesse noire vénitienne et de *THE CROWN* doit absolument lui faire renoncer à sa position de *postmaster General* des États-Unis.

Ils tentent à tout prix de lui faire abandonner le *Title 4 Flag* pour recapturer ce système, en vain.

Malgré la torture et les nombreux sévices qu'il subit , il refuse catégoriquement d'abandonner le drapeau et d'apposer sa signature sur les documents de réddition du *Title 4 Flag*.

Le problème auquel fait face le Five Star Trust c'est qu'ils ne peuvent pas simplement éliminer Russel Jay Gould. L'assassiner reviendrai à dire adieu au *Title 4 Flag*. Il a déjà en place une quantité incroyable d'ayants droits en cas de décès, dont la majorité restent inconnus aujourd'hui. Par ailleurs, certains de ces ayant droits pourraient se trouver dans le haut commandement de la Navy. En effet, en ayant eu vent de ce que :*Russell-Jay: Gould* et *David-Wynn: Miller* ont réalisé, une faction patriote et influente dans la Navy décide de les aider.

Cette faction de la Navy qui décide de prendre :*Russell-Jay: Gould* sous son aile vient à son secours pour faire pression sur les

Bush et leur agence, en menaçant de révéler tout ce qui se trame en coulisses, si il arrive quoi que ce soit à cet homme.

La situation s'enlise alors.

D'un côté, l'ancien système est protégé par la CIA et le Five Star Trust.

De l'autre côté, ce nouveau système quantique, crée par *:Russell-Jay: Gould* et *David-Wynn: Miller* qui a tout invalidé, est protégé par la Navy et d'autres factions importantes de l'armée.

Le vieux système maçonique continue alors d'exister illégalement grâce à deux éléments : **la Banque et les médias.**

Cette bataille continue dans l'ombre pendant une dizaine d'années.

Le Five Star Trust, des Voyous au service de THE CROWN

Lorsque Eisenhower était président (1953 - 1961), le Five Start Trust[20] a été créé par la CIA pour bypasser le pouvoir du président et gouverner le pays dans l'ombre. Il était composé de 5 hommes haut placés: George Bush Sr, Richard Armitage, le général Edward Lansdale, William Colby et le général Robert L. Ferrara.

Le but du Five Star Trust était de mettre en place le plus grand système de trafic de drogue et de blanchiment d'argent que le monde ait jamais connu. Cela s'appelait *Operation Studebaker*.

Operation Clean Room était le système qui venait ensuite pour blanchir cet argent .

Cette opération était gérée depuis le Kentucky par un monsieur nommé Marion Horne[21]. L'objectif principal de cette opération était de générer du cash pour la CIA afin qu'elle n'ait pas à demander de budget au Congrès, ce qui divulguerait les plans de la CIA.

L'objectif était de mettre en place une opération de trafic de drogue et de mettre tout l'argent dans un Trust mis en place par les Rothschild et les 13 familles. Ce Trust est connu sous le nom de *Five Star Trust*.

Ce trust détient aujourd'hui la somme astronomique de :

230 quadrillions dollars. C'est 230 avec 24 zéros, ou 230 000 000 000 000 000 000 000 000

C'est une basse estimation de la somme totale réellement contenue dans ce trust.

Depuis la création du *Five Star Trust* les États-Unis ont été engagés dans les conflits suivants :

1960s *1960–1965: Congo-Leopoldville 1960: Laos 1961: République Dominicaine 1961–1975: Laos 1961–1964: Brésil 1963: Iraq 1964: Chili 1964-1975: Vietnam 1965–1966 : République Dominicaine 1965–1967: Indonésie 1967-1975: Cambodge*

1970s *1970–1973: Chili 1971: Bolivie 1972–1975: Iraq 1974-1991: Ethiopie 1975-1991: Angola 1977: Zaire 1978: Zaire 1979–1993: Cambodge 1979–1989: Afghanistan*

1980s *1980–1989: Pologne 1980–1992: Salvador 1981–1982: Tchad 1981–1990: Nicaragua 1983: Grenade 1989-1994: Panama*

1990s *1991–à Aujourd'hui: Post-guerre froide 1991: Iraq 1991: Haïti 1992–1996: Iraq 1994–1995: Haiti 1996–1997: Zaïre 1997–1998: Indonésie.*

2000s *2000: Yougoslavie 2002: Venezuela 2003–2011: Iraq 2006–2007:Territoires Palestiniens 2006– à Aujourd'hui: Syrie 2007: Iran 2009: Honduras*

2010s *2011 : Libye*

2015– *à Aujourd'hui : Yémen*

2019- *à Aujourd'hui : Venezuela*

ET PENDANT CE TEMPS LA...

Pour continuer à faire fonctionner le gouvernement et les États-Unis, le cartel des banquiers internationaux et leur milice qu'est le *Five Star Trust* créent alors entreprises après entreprises pour diriger le pays, comme nous l'avons vu avec l'histoire des *Florida Chads*.

En 2000 par exemple, ils créent une entreprise privée, UNITED STATES Inc, qui s'installe à Washington DC pour gouverner le peuple américain sous le commandement de Georges Bush Jr.

Cette entreprise privée va envoyer les troupes américaines dans le moyen orient pour faire la guerre au terrorisme, sans aucune autorisation de drapeau officielle .

Pour usuper tout le monde, cette entreprise qui ne possède pas de drapeau (le *Title 4 Flag* étant capturé) utilisera un drapeau de 3 *feet* sur 5 *feet*, une taille de drapeau non reconnue par les Nations Unies.

En 2008, l'entreprise créée pour usurper le peuple américain utilisera cette fois-ci un drapeau carré de 2.5 *feet* sur 2.5 *feet*. Là encore, cette taille n'est pas réglementaire.

Pour information, d'après le *Title 4 Flag*, les mesures officielles du drapeau américain doivent respecter 11 tailles bien spécifiques, avec un ratio précis de 1 par 1.9.

LE COUP DE GRACE

En 2012, un évênement majeur va marquer cette bataille.

Le 21 décembre 2012 , :*Russell-Jay: Gould* se présente au *Benjamin Franklin post office* de Washington D.C pour rouvrir le gouvernement américain sous sa correcte forme. Il y présente les éléments nécéssaires sous leur forme quantique à savoir :

- Une nouvelle U.S constitution

- Un nouveau Bill of rights

- Une nouvelle Declaration of Independence

- Un nouveau système bancaire quantique (Quantum Banking System)

- De nouvelles chartes pour tous les gouvernements fédéraux et municipaux du pays

- Il y présente les titres quantiques pour les drapeaux de l'Army, La Navy, l'Air force, les Marines, et les Coast Guard.

C'est un moment important , car cet évènement marque officiellement la fin de l'entreprise UNITED STATES Inc et de Washington DC en tant qu'éléments de gouvernance des États-Unis.

De plus, *:Russell-Jay: Gould* se rend à la réserve fédérale américaine. Depuis 1999, La FED est présente illégalement sur le territoire américain. Pour cette présence illégale, il leur présente une amende d'un montant record de 17 millions de tonnes d'or !

Ces deux actes servent d'avis d'expulsion à l'ancien système tout entier.

Malgré le nombre incalculable de procédures et de tentatives pour faire reconnaitre leur système, la question qui se pose aujourd'hui est : Pourquoi ce système n'est t-il pas reconnu ? Et pourquoi n'est t-il pas mis en place partout dans le monde ?

LE DEMANTELEMENT DE CET ANCIEN SYSTEME

Science quantique, finance, Donald Trump et Russel Jay Gould.

Avec l'éléction de Donald Trump en 2016, il semblerait que *:Russell-Jay: Gould* et *David-Wynn: Miller* ont enfin pu voir le fruit de leur travail être reconnu. Plusieurs éléments montrent que Donald Trump et le gouvernement connaissent le travail de *:Russell-Jay: Gould* et *David-Wynn: Miller.*

Depuis son éléction en 2017, Donald Trump a fait énormément pour exposer la fraude que représente cet ancien système en mettant en avant l'influence négative que le Deep State possède sur les américains et sur le monde entier. Lorsqu'il entre sur la scène politique, Donald Trump promeut l'expression « fake news » pour convaincre les citoyens américains, ainsi que la population mondiale, que les médias nous mentent toujours. L'expression est déjà devenue courante, mais réalisez-vous à quel point il est profondément choquant, que presque tout ce que nous pensons savoir soit complètement faux ? Les mensonges des médias ne reflètent pas seulement l'histoire et la politique, mais ils ont formé notre fausse perception sur des sujets tels que l'économie, l'alimentation, le climat, la santé, et toute notre existence. Par l'expression « *it's all fake news* », Donald Trump veut sans doute également nous interpeller sur le fait que toute notre existence est une fraude.

Donald Trump n'est pas non plus étranger à la science et à la mécanique quantique. Son oncle, *John George Trump*[22] a été professeur de physique et d'ingénierie électrique au MIT, pendant plus de 40 ans. Donald Trump, qui était très proche de son oncle, mentionne souvent qu'ils échangeaient énormément sur le nucléaire et les travaux auxquels son oncle participait. *John George Trump* fut notamment un des plus proches collaborateurs de *Nikola Tesla*[23], et la personne chargée de déchiffrer les travaux de *Nikola Tesla* après sa mort, pour le compte du gouvernement américain.

Il s'avère que Donald Trump a lui-même étudié la mécanique quantique et la physique au MIT, dans l'anonymat, à la fin des années 70.

Durant son premier mandat, Donald Trump a signé plusieurs lois qui présagent de l'emmergence de la science quantique dans le domaine public. La technologie et la finance sont les deux premiers grands domaines auxquels cette science revolutionaire sera appliquée.

Les actions de Donald Trump sur le quantique

Le 21 décembre 2018, il signe le *National Quantum Initiative Act*, en tant que loi. Également apellé *H.R.6227,* cet acte permet des investissements massifs (1.2 milliards de dollars sur 5 ans) dans la technologie quantique pour amener à l'innovation dans les secteurs de la science, de la finance, de la justice, de l'éducation, et beaucoup d'autres domaines majeurs.

Le 30 Août 2019, il signe l'*Executive Order on Establishing the National Quantum Initiative Advisory Committee*[24].

Moins d'un an plus tard, le 24 Juillet 2020, les USA dévoilent les plans d'un internet quantique, virtuellement inviolable, apellé : *Quantum Loop*. Le département de l'énergie, et ses 17 laboratoires, seront la colonne vertébrale du projet *Quantum Loop*.

Le même département de l'énergie a étudié le tableau périodique des éléments quantique, crée par *:Russell-Jay: Gould* et l'a qualifié de « travail de génie » et « extra-terrestre ».

Les actions au niveau de la finance.

L'executive Order 13772[25], intitulé « *Principes fondamentaux pour la réglementation du système financier des États-Unis* » a tout d'abord permis de revoir et de corriger un nombre important de principes fondamentaux qui régulent les marchés financiers américains, et de surcroît, internationaux.

Cet ordre exécutif vise notamment à réguler les produits dérivés, un des éléments les plus toxiques des marchés financiers actuels. Cet Ordre exécutif comprend un large éventail de mesures qui permettent de revoir en profondeur les principes fondamentaux régulant la finance internationale.

Le 27 mars 2018, Donald Trump a discrètement fusionné la réserve fédérale américaine (FED) et le département du trésor américain (US Treasury). Il est ainsi devenu le président de cette nouvelle entité, et l'une des personnes les plus puissantes de la planète en termes de décisions financières.

Enfin, le QFS (Quantum Financial System)[26] est sans doute l'aboutissement de ce travail de réforme en profondeur du système financier mondial.

Logé dans un ordinateur quantique, il est hébergé par l'AIIB (Asian Investments Infrastructure Bank), l'homologue oriental du Fonds monétaire international du FMI et de la Banque mondiale (BM) et 9 satellites quantiques. Pour connecter le QFS au système

SWIFT et CIPS, une interface appelée DLT (Distributed Ledger Technology) a été implémentée.

Le QFS est un système financier créé par des équipes d'ingénierie chinoises en collaboration avec les équipes d'ingénierie d'autres membres de l'Alliance (dont les USA, la Russie et les pays BRICS). L'une de ses principales caractéristiques est que les banquiers ne pourront accéder à aucun de ces fonds sans l'autorisation des contrôleurs mondiaux des comptes de garantie.

Un système dont le but est de remplacer la banque centrale et couvrir le nouveau réseau mondial de transfert d'or ou d'argent adossé à des actifs, initié par la Russie et la Chine pour remplacer le système Swift, contrôlé par les États-Unis.

Il est à noter que le QFS est totalement indépendant du système centralisé existant. Dans son cas, pas besoin de technologie blockchain, qui a jeté le doute sur un besoin en crypto-monnaies.

Avec ce système financier quantique, toutes les monnaies souveraines sont adossées à de l'or ou des actifs, garantissant ainsi leur pérennité.

Source : Foster Swiss

Le système financier quantique est un système financier avancé qui a été mis en place pour éradiquer le monopole de la cabale (ou Deep State) et des banquiers sur le système monétaire mondial. Le système financier quantique (QFS) est stocké et exploité sur des serveurs satellitaires qui sont à leur tour basés sur des supers ordinateurs quantiques *(Quantum super computers)*.

Ces supers ordinateurs quantiques sont plus rapides, stockent plus d'informations, requièrent moins d'énergie et sont plus sécurisés que les ordinateurs binaires qu'utilise le système actuel.

Le système financier quantique protège de façon efficace toutes les parties prenantes contre la fraude et les manipulations, notamment de la part des régulateurs. Ces mêmes régulateurs ont complètement détruit les marchés financiers actuels jusqu'à un point de non-retour. Le QFS est protégé par l'Alliance, et la toute nouvelle *Space Force*, une branche de l'armée américaine qui a vu le jour durant les premiers mois de la présidence de Donald Trump.

Donald Trump et: Russell-Jay: Gould.

L'un des éléments les plus troublants qui lie Donald Trump à *:Russell-Jay: Gould* et *David-Wynn: Miller*, est sans aucun doute l'ancien bureau de poste de washington DC, le *Benjamin Franklin post office*[27].

En 2012, le *GSA (General Services Administration)* a décidé de mettre en location ce bâtiment pour une durée de 60 ans. L'entreprise qui a gagné cet appel d'offre, et qui est actuellement propriétaire des lieux est la *Trump Old Post Office LLC*. Cette filiale de la *Trump Organisation* est celle chargée du redéveloppement de ce bâtiment historique.

Aujourd'hui transformé en hôtel de luxe, cet édifice est le lieu où s'est rendu *:Russell-Jay: Gould* pour rouvrir le gouvernement américain sous sa correcte forme le 21 décembre 2012, soit quelques mois après que la *Trump Organisation* en ait acquis la propriété. Le jour précédent cette date, *:Russell-Jay: Gould,* s'est d'abord rendu au vieux bureau postal, le *Old Benjamin Franklin post office,* qui se trouve à Philadelphie, en Pennsylvanie pour reconstituer les colonnies sous leur correcte forme, à savoir pré-Juillet1775.

Le tour du monde de Donald Trump et la capitulation de tout le système.

Dans cette bataille pour faire reconnaitre la vérité, la capitulation, ou le moment fatidique, où tout l'ancien système a dû s'incliner, est intervenu entre 2016 et 2020, durant le premier terme de la présidence de Donald Trump.

Tout d'abord lorsqu'il est élu, et ce, avant même qu'il n'accède au pouvoir, la tête du serpent que représente la noblesse noire vénitienne est discrètement décapitée.

Le 25 décembre 2016, une opération militaire conjointe des forces spéciales les mieux entrainées de la planète (Delta Forces et Navy Seals) est conduite à Venise, en Italie, où les membres de la noblesse noire vénitienne, ainsi que leurs familles sont réunis pour les fêtes de fin d'année. C'est une période de sacrifices importante pour le culte. Durant cette opération, tous les membres des 13 familles de la noblesse noire vénitienne sont exterminés y compris femmes et enfants.

Une fois la tête du serpent décapitée, la suite consiste à se rendre au cœur du système, partout dans le monde pour le mettre à genoux. Ça sera chose faite lors des voyages « diplomatiques » effectués par Donald Trump qui va faire capituler, par la force, tout cet ancien système.

Entre 2017 et 2019, Donald Trump a effectué une série de voyages dans le monde entier permettant de faire capituler tous les lieux clés de la planète encore aux mains de la cabale.

Pour cela, Donald Trump va s'armer d'une combinaison d'éléments infaillibles, pour forcer l'ancien système à capituler et lui remettre les clés de contrôle du monde entier.

Donald Trump possède dans sa besace :

- Les divers titres mondiaux capturés par *:Russell-Jay: Gould* et *David-Wynn: Miller.*

- Il a également en sa possession l'amende record de 17 Millions de tonnes d'or infligée à cet ancien système par le biais de la FED.

- La protection des armées les plus puissantes de la planète qui se sont alliées en une coalition appellée l'Alliance, pour éradiquer ce système d'esclavage de la planète une bonne fois pour toute. L'Alliance va profiter de l'opportunité de prendre le contrôle de la NSA (National Security Agency) aux Etats-Unis, pour mettre à execution leur plan. La NSA est un pion essentiel car elle possède chaque message, chaque e-mail, chaque coup de fil, pour chaque être humain sur cette planète, et ce, depuis plusieurs décénnies . Ils possèdent toute l'information disponible sur chaque individu. Entre de bonne mains, cette agence est le talon d'achille du système de contrôle, car les crimes du Deep State sont également enregistrés et stockés par cette même agence depuis des décénnies.

- Il possède également un dossier sur chacunes des personnes à qui il rend visite, surnomé « **Declas** ». Ce dossier contient pour chaque individu la collection des actes les plus immondes commis par cette personne, ou groupe, contre les innoncents du monde entier, et en particulier les crimes commis contres les enfants. Il faut savoir que cet ancien système se nourrit en grande partie des crimes et sacrifices de sang commis contre les enfants du monde entier, afin d'acquérir le pouvoir et l'énergie requise pour continuer à exister d'après leur idéologie basée sur le satanisme et le luciférianisme.

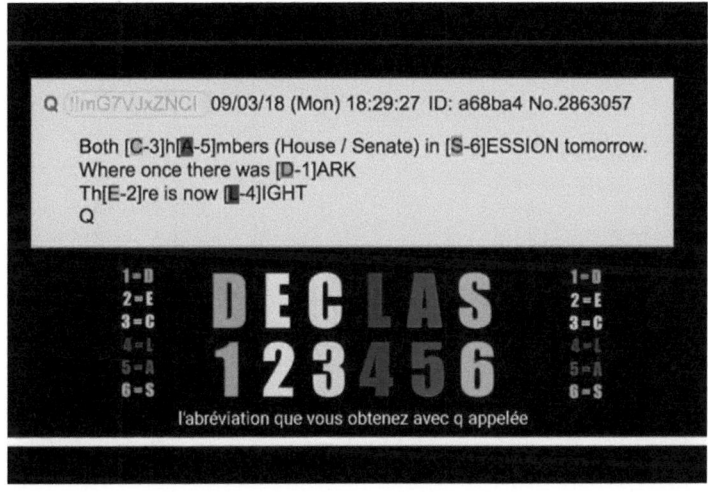

Declas est référencé dans le drop 2067 de Q datant du 09 septembre 2018

Etape #1 : Arabie Saoudite.

L'Arabie Saoudite[28] est un des triangles de contrôle du monde moderne, pour le compte du cartel des banquiers internationaux et de la noblesse noire vénitienne, via la maison des Saoud. Juste avant l'été 2017, Donald Trump rend tout d'abord visite à Al-Walid ben Talal Al Saoud, considéré comme l'homme le plus important de ce pilier de contrôle pour la maison des Saoud. Il lui présente son dossier « Declas », contenant les crimes les plus horribles commis par cet individu, et les héritiers du Royaume, notamment la récolte d'Adrenochrome et les sacrifices d'enfants dont le royaume est devenu une des plaques tournantes. En échange de ces atrocités, le royaume est récompensé avec toujours plus de pouvoir par la noblesse noire vénitienne qui l'a positionné comme un des piliers les plus importants de son système de contrôle.

Sous la menace d'être exposé publiquement pour ce que lui et sa famille sont réellement, ils capitulent immédiatement et donnent à Donald Trump le contrôle des clés du Royaume.

Cet acte de capitulation sera mis en scène publiquement de manière symbolique par la *danse traditionnelle de la Ardha*. C'est une danse traditionnelle de l'épée, qui sera effectuée au deuxième jour de la visite de Donald Trump dans le royaume. L'épée Royale sera également remise à Donald Trump. À savoir que seuls les héritiers, et celui qui contrôle le royaume sont autorisés à toucher cette épée royale.

Le nouveau prince héritier, Mohammed ben Salmane est mis aux commandes du Royaume, et travaille immédiatement avec Donald Trump et la coalition à rétablir l'honneur perdu du royaume.

Une purge, symbolique, aura lieu en novembre 2017, avec notamment l'arrestation de à Al-Walid ben Talal Al Saoud, pour des faits de « corruption ». Il ne sera libéré que trois mois plus tard après avoir renoncé, entre autres, à son immense fortune.

Cette capitulation de l'Arabie Saoudite, marque l'étape #1 dans ce tour du monde. Il est important de noter que l'Arabie Saoudite a été stratégiquement choisie comme première étape.

Lors des voyages suivants, Donald Trump se déplacera en ayant les clés et la commande du Royaume Saoudien. Par cette capitulation, les Saoudiens sont désormais au service du plan global pour libérer l'humanité, et non plus au service de la noblesse noire vénitienne.

Etape #1 bis: Les médias américains et la visite de MBS

Le 1er octobre 2017, le prince héritier du trône Saoudien, Mohammed ben Salmane, est victime d'une tentative d'assassinat, alors qu'il se trouve à Las Vegas. La fusillade de Las Vegas, qui a coûté la vie à 58 personnes et fait des centaines de blessés, avait en réalité pour objectif de divertir et de couvrir l'assassinat de MBS. Cette tentative d'assassinat est avortée par l'intervention de l'armée américaine, grâce aux informations reçues via la NSA. Ces informations seront fournies à MBS par Donald Trump. Travaillant déjà avec l'Alliance pour redorer le blason de son pays, Mohammed ben Salmane va accepter à la suite de cet évènement, et à la demande de Donald Trump, de tenir un rôle plus important dans cette guerre pour faire capituler l'ancien système.

MBS retourne aux USA quelques mois plus tard en 2018, et se présente de la part de Donald Trump à toutes les entreprises de grand médias américains. Il rendra ainsi visite à Apple, Google, Facebook, Twitter, Rupert Murdoch (qui possède la majorité des médias télévisés), Jeff Bezos, Richard Branson, Bill Gates, Oprah Winfrey, entre autres. À chaque fois un dossier « Declas » leur est présenté et un choix leur est donné : Vous remettez le contrôle de votre entreprise et vous travaillez désormais pour l'Alliance, ou on « Declas », autrement dit, on déclassifie et diffuse vos actes les plus immondes. Étant des pions dans ce système, leur capitulation est immédiate. Grâce à cette tournée américaine,

MBS tient un rôle plus important dans le plan de l'Alliance pour démanteler cet ancien système.

Etape #2 : Israël

Quelques jours après sa visite en Arabie Saoudite, Donald Trump se rend immédiatement en Israël[29].

Israël est utilisé par la noblesse noire vénitienne comme le cheval de Troie ultime pour tromper et distraire toute l'humanité sur ceux qui contrôlent réellement le monde. En utilisant à souhait les cartes juives, sionistes et de l'antisémitisme, ils détournent l'attention de la plupart des êtres humains dans cette direction pendant qu'ils gouvernent tranquillement dans l'ombre.

Lorsqu'il arrive en Israël, Donald Trump s'assoie avec ceux qui contrôlent réellement Israël. Face caméra il feinte une visite diplomatique historique. Une fois les caméras coupées, il leur expose la vraie raison de sa visite. Il s'adressera à eux notamment dans ces termes :

Je vous parle à vous directement, pas ce que vous prétendez être aux yeux du monde entier. Je te parle à toi Netanyahu, mangeur d'enfants et à tous tes sbires !

Il sort ensuite un dossier « Declas » sur chacun d'entre eux, notamment sur les puissants Rabbins qui tirent les ficelles en coulisses.

Les Israéliens sont furieux et se mettent à lui aboyer dessus, en lui invectivant qu'ils ne laisseront pas faires et qu'ils ne capituleront jamais.

Trump leur indique alors que les Saoudiens ont déjà capitulé et qu'il leur laisse la nuit pour y réfléchir. Il reste en Israël un jour de plus, ce qui n'était pas prévu dans son planning.

Malgré un combat des mots des plus acharnés pour ne pas se soumettre, le lendemain, les Israéliens capituleront. Et pour symboliser cette capitulation, ils autoriseront publiquement les États-Unis à déplacer leur ambassade à Jérusalem, sous la protection directe de l'armée américaine.

Israël vient d'être mis au service du plan global pour la libération de l'humanité par cette capitulation. Cette action marque la fin de l'étape #2 dans le tour du monde de Donald Trump. Avec les Saoudiens et Israël maintenant dans sa poche, il va pouvoir se rendre à l'étape #3, l'une des plus importantes sur son agenda.

Etape #3 : Le Vatican

L'étape 3 des voyages de Donald Trump est sans doute l'une des plus importantes. Le Vatican[30] sert directement la noblesse noire vénitienne, grâce notamment aux jésuites qui gèrent les différents « business » pour le compte de la noblesse noire vénitienne. Le Vatican sert donc de vitrine à ce cartel organisé du crime, mais il sert, également de coffre-fort pour une grande majorité des trésors pillés par ces criminels à travers le monde. Pas étonnant alors que l'église catholique soit l'institution la plus riche qui n'a jamais existé en termes de possessions matérielles. L'immense majorité de cette richesse est stockée dans les 2 500 km de tunnel sous-terrain qui relient directement le Vatican à Jérusalem. Ce tunnel sous-terrain, deux fois plus étendu que la distance Nord/Sud de la France, forme une ligne quasi-droite entre le Vatican et Jérusalem. Il passe aussi bien sous terre que sous la mer.

Lorsqu'il se présente au Vatican, Donald Trump remet au pape Francis l'un des dossiers « Declas » les plus imposants. C'est un dossier d'une ampleur gigantesque qu'il remet au Vatican. Il leur demande de prendre leur temps pour l'examiner, et les *tease* en leur indiquant qu'ils voudraient peut-être porter leurs *chaussures rouges*[31] lorsqu'ils regarderont ces dossiers, ou lorsqu'ils reviendront pour lui donner une réponse. Cette allusion aux chaussures rouges fait référence aux chaussures rouges portées notamment par le pape et les pédophiles de haut rang. Ces chaussures sont faites de peau humaine et les pédophiles qui commettent le plus de sacrifices lors des rituels sataniques ont le droit d'avoir une paire de ces chaussures faites avec les restes des enfants qu'ils auront sacrifié. Le symbole des chaussures rouges dans ce monde perverti fait référence au sacrifice d'enfants, mais également au cannibalisme.

Le lendemain, le Vatican capitulera.

Et pour symboliser ce traité, le pape signera une bulle papale, annonçant que d'ici une certaine date la banque du Vatican, qui détient la charge de tous les systèmes bancaires de réserve fédéral à l'échelle mondiale, serait « réformée ».

Par « réforme », ils sous-entendent de remettre les clés à Donald Trump. Cette réforme sera actée en août 2019, avec ce qu'on appelle *la réforme de la banque du Vatican et des statuts de l'IOR*.[34] Donald Trump devient grâce à cette « réforme » le Trésorier de la banque du Vatican.

Grâce à ces 3 premières étapes, Donald Trump vient de supprimer le pouvoir des 3 principaux piliers de contrôle de ce système.

Etape #4 : Bruxelles

Bruxelles est la ville où se trouve le siège de l'Union Européenne, mais également le siège de L'OTAN[32]. Lorsqu'il arrive à Bruxelles et convoque la réunion de L'U.E, Donald Trump se présente volontairement en retard, pour faire monter la tension sur l'objet de sa visite. Tous les chefs d'états et leurs ministres des finances présents lors de cette réunion sont laissés dans l'expectative totale.

Lorsqu'il arrive enfin, Donald Trump pose un énorme dossier « Declas » sur la table en indiquant :

We have it all, what's your answer? (Nous avons tout, quelle est votre réponse ?).

En très peu de temps, tous les chefs de gouvernement capitulent. Pour symboliser cette capitulation de L'U.E, beaucoup d'évènements se produisent dans les jours suivants. L'U.E fait notamment machine arrière sur le Brexit, et l'OTAN doit désormais payer ses propres factures, celles-ci ne seront plus payées par les USA, qui finançaient la majorité de son budget.

Le lendemain, Donald Trump se présente, une fois de plus volontairement en retard, lors de la traditionnelle séance photo. Il laisse les Chefs d'états de L'U.E visiblement très gênés et choqués par ce qui vient de leur arriver la veille sous les projecteurs des photographes et des équipes de tournage, dans une ambiance d'enterrement. La photo officielle de ce sommet de l'U.E reflète bien ce qui s'est passé en coulisses.

Avec ce passage éclair à Bruxelles, Donald Trump vient de faire capituler L'U.E et L'OTAN. Les deux organisations travaillent désormais sous les ordres de l'Alliance.

Etape #5 : La tournée asiatique

Donald Trump entame ensuite une tournée asiatique aux objectifs biens variés, mais tous aussi importants.

Japon

En novembre 2017, Donald Trump commence sa tournée asiatique par le Japon[33]. Les Japonais capitulent assez rapidement sans opposer de résistance. Symboliquement, ils laisseront à Donald Trump le soin de remettre le trophée au vainqueur du championnat national de Sumo, en lieu et place de l'empereur, lors de son second voyage au Japon en mai 2019 [34]. Un honneur réservé aux plus hautes instances, dans un pays où le Sumo est une tradition culturelle ancestrale. Donald Trump sera le premier dirigeant étranger à rencontrer le nouvel empereur Naruhito lors de ce voyage.

Corée du Sud...... et du Nord.

En quittant le Japon, Donald Trump se rend directement en Corée du Sud[35]. Médiatiquement, la visite de Donald Trump a pour but d'engager des pourparlers pour une future paix entre la Corée du Nord et la Corée du Sud. En réalité, cette visite permettra d'obtenir rapidement la capitulation de la Corée du Sud, qui est, comme la majorité des pays d'Asie du Sud Est, un des fournisseurs majeurs d'enfants et d'Adrenochrome dans le monde.

Donald Trump profite surtout de sa visite en Corée du Sud pour secrètement se rendre à la frontière Nord-Coréenne. Là, il va y rencontrer Kim Jung Un, loin des caméras, et entamer des négociations pour un accord de paix entre la Corée du Nord et tous ses opposants, dont les États-Unis.

La dynastie Kim, qui dirige la Corée du Nord depuis 3 générations, a été détournée, puis, prise en otage par le Deep State et la Noblesse noire vénitienne. Le Deep State utilise la Corée du Nord depuis des décennies pour construire un arsenal nucléaire. Ils peuvent ainsi maintenir la menace constante d'une guerre nucléaire sur le monde entier.

Lors de leur rencontre, Donald Trump montre à Kim Jung Un le pouvoir qui est désormais le sien, et la possibilité pour la Corée du Nord de pouvoir enfin se défaire de l'emprise du Deep State.

Kim Jong Un n'hésitera pas et comprend l'ampleur de ce qui se joue sous ses yeux. Il accepte d'aider le plan de l'Alliance à éradiquer cet ancien système avec enthousiasme

Le remous médiatique ne sera mis en place, qu'après avoir complété ces accords, et tous les médias seront pris par surprise de voir soudainement Kim Jung Un accueillir la paix à bras ouverts.

Les médias savent très bien que cette démarche est un frein majeur dans la narrative qu'ils ont construits autour de ce pays, mais, finissent devant le fait accompli.

Kim Jong Un mettra également en scène la mort de cet ancien système plus d'un an plus tard, fin 2019. Il symbolise la mort du NWO (Nouvel Ordre Mondial) en chevauchant un cheval blanc[36]. Le cheval blanc indique la mort dans la symbolique de communication de cet ancien système.

Chine

La capitulation de la Chine[37] a eu lieu en deux parties.

Tout d'abord au printemps 2017, peu de temps après l'élection de Donald Trump en tant que président, Le Président Xi Jinping lui rend visite à Mar-a-Lago, en Floride. Donald Trump choisi de recevoir le président Xi et son épouse dans son propre club de golf en Floride. Le cadre de cette visite d'un président Chinois en fonction est surprenant et les motifs et le contenu de celle-ci resteront longtemps bien gardés. Les médias feront d'ailleurs tout pour ne pas en parler.

6 mois plus tard, Donald Trump rend visite à Xi Jinping en Chine, une visite officielle cette fois-ci. Donald Trump est reçu à la cité interdite, comme symbole de la capitulation de la Chine, sans doute négociée plus tôt.

La cité interdite porte ce nom pour une bonne raison et à priori, le président d'une nation considérée comme concurrente, voir ennemie, n'a rien à y faire.

La délégation américaine sera surprise lors de ce voyage de découvrir à quel point une large majorité des hauts fonctionnaires du Parti Communiste Chinois voulaient désespérément se débarrasser de l'emprise du Deep State et de la noblesse noire vénitienne sur leur nation.

Tout comme en Arabie Saoudite et en Corée du Nord, la plupart des gens dotés d'une conscience mettent une limite et un frein lorsqu'il s'agit de torturer, tuer, et ensuite consommer leurs propres enfants. En ce qui concerne la Chine, certains des actes les plus horribles et les plus insoutenables jamais perpétrés contre l'humanité ont eu lieu dans ce pays. Tout ceci à la suite de l'infiltration du Parti Communiste Chinois par le Deep State et la noblesse noire vénitienne, post-seconde guerre mondiale. Voilà pourquoi les hauts fonctionnaires du PCC, qui sont du bon côté de l'histoire, voulaient tant s'éloigner de ces actes maléfiques. Ils rencontrent et accueillent Donald Trump et l'Alliance à bras ouverts. La Chine est un des seuls pays qui a capitulé volontairement à l'autorité de Donald Trump et de l'Alliance, ce qui en dit long sur leur volonté de se débarrasser de l'emprise de la cabale sur leur pays.

Vietnam

Juste après sa visite en Chine, Donald Trump se rend au Vietnam[38], qui capitule sans opposer une grande résistance. A Hanoï, le président américain est reçu avec les honneurs lors d'une cérémonie protocolaire, où il marche en devançant le président vietnamien. Ce geste symbolise le changement de pouvoir, et la remise des clés du pays à l'Alliance. Le Vietnam promet même de mettre fin au trafic sexuel d'enfants provenant de son pays.

Cette visite au Vietnam marque la fin du tour asiatique de Donald Trump et son année 2017 particulièrement chargée. Les étapes ci-dessus sont les voyages les plus importants.

Une année 2018 toute aussi chargée.

Etape #6 : Forum Economique Mondial de Davos, Suisse

L'année 2018 de Donald Trump commence sur les chapeaux de roues, avec l'une des étapes les plus importantes et les plus dangereuses de son agenda.

En janvier 2018, il se rend au rassemblement annuel du Forum Economique Mondial[39], à Davos en Suisse. George Soros, Klaus Schwab, et les dirigeants des plus grandes multinationales du monde sont notamment présents à ce rendez-vous. Il est le premier président américain à se rendre à ce rassemblement en plus de 20 ans.

Lors du dîner inaugural qui précède les débats, il joue cartes sur table avec les dirigeants des multinationales qui l'entourent. Ils reçoivent chacun une enveloppe, similaire à celles que recevront les participants aux funérailles de Georges Bush senior, plus tard dans l'année. Il attendra volontairement le lendemain pour remettre un dossier « Declas » à chacun de ces dirigeants désormais dans une inquiétude palpable.

Trump ne partira qu'une fois que tous les dirigeants des multinationales, et autres contrôleurs clés, auront tous capitulés. Par exemple, Nestlé s'engage à ne plus empoisonner les eaux du monde entier, pour ensuite vendre de l'eau « propre ». Chacun des groupes présents prendra des engagements similaires dans leurs industries respectives.

Plus important, ils s'engagent tous à suivre à la lettre ce que leur demandera désormais l'Alliance.

Le Forum Economique mondial représente un des groupes de contrôle de niveau supérieur[40] dans la pyramide de contrôle mise en place par la Noblesse noire vénitienne.

Davos est début 2018 l'un des endroits les plus dangereux pour Donald Trump, car les personnes présentes sont désormais au niveau le plus haut dans la pyramide de contrôle. Le reste des niveaux, comme la noblesse noire vénitienne, la papauté, ou encore les Rothschild ayant déjà été court-circuités.

Ce rassemblement est également dangereux car les montagnes dans lesquelles se trouvent Davos, possèdent un enchevêtrement impressionnant de tunnels souterrains, dans lesquels il est possible, de faire disparaitre Donald Trump, pour ensuite prétexter un enlèvement, ou tout autre accident.

Il n'en sera rien. Donald Trump joue sa partition à la perfection, et les chiens de garde du système sont neutralisés.

Les autres voyages importants de 2018

Donald Trump se rendra également :

- Au 44ème Sommet du G7[41] au Canada où il aura des « entretiens personnels » avec Justin Trudeau, Angela Merkel et Emmanuel Macron. Le Canada et l'Allemagne seront les pays majeurs qui capitulerons lors de ce Sommet.

- Au Sommet entre la Corée du Nord et les États-Unis à Singapour[42], où il rencontrera de façon officielle cette fois-ci Kim Jung-Un, devenant ainsi le premier président américain à rencontrer un dirigeant Nord-coréen.

- Au Sommet de l'OTAN[43] à Bruxelles, où il aura des « entretiens personnels » avec Angela Merkel et Emmanuel Macron, à nouveau.

- Au Royaume-Uni[44], lors d'une visite mémorable avec la reine d'Angleterre. Donald Trump dérogera volontairement au protocole et marchera quelques mètres devant la reine lors de l'inspection de la garde Royale. Un acte qualifié de haute impolitesse par les médias du monde entier. En réalité, cette action symbolise sa prise de pouvoir sur les clés de la couronne d'Angleterre. La couronne d'Angleterre, et notamment les Rothschild qui contrôlent celle-ci, ont résisté pendant plusieurs mois à la demande de capitulation de Donald Trump et de l'Alliance. Cette visite marque officiellement l'acte de capitulation du Royaume-Uni. Cet acte est un message fort pour leur montrer qui est désormais à la charge du commandement de la Couronne d'Angleterre et de « THE CROWN ».

- En Finlande, lors du sommet américano-russe de 2018[45], où il rencontrera Vladimir Poutine, qui est déjà au courant du plan de l'Alliance, auquel il participe de façon volontaire. Il lui remettra symboliquement un ballon de football, en lui indiquant que la balle est désormais dans son camp.

- En Argentine, lors du sommet du G20[46], où le président argentin Mauricio Macri capitulera.

Cette année 2018 est dans la continuité de 2017, où Donald Trump continue de faire capituler les nations majeures encore aux mains de la cabale.

Ces actions continueront en 2019 et 2020 où des pays comme le Brésil, le Mexique et l'Inde[47] capituleront à leur tour.

En résumé

Les étapes listées dans ce tour du monde des capitulations de Donald Trump ne sont que quelques-unes des actions qui ont été effectuées pour reprendre le contrôle du monde des griffes de Cabale, qui contrôle tout, depuis plusieurs milliers d'années.

En ayant légitimement repris le contrôle des titres mondiaux qui permettaient à ce groupe de s'attribuer le contrôle de la planète terre, *:Russell-Jay: Gould* et *David-Wynn: Miller* n'ont pas vu le fruit de leur travail être reconnu de façon légitime par ces criminels.

Ce groupe de contrôle a utilisé tous les moyens à sa disposition pour se battre jusqu'au bout et ainsi perpétuer son emprise anti-vie sur la planète le plus longtemps possible.

Il fallait un plan, le plus sophistiqué jamais mis en place, pour venir à bout des bastions de contrôle de ce système.

Il aura aussi fallu utiliser l'arsenal complet du pouvoir, y compris la force et la violence, contre cette cabale, pour pouvoir mettre à genoux ce système.

Une fois les grands bastions de contrôle repris, il reste cependant la partie la plus difficile de cette guerre entre ceux qui veulent la liberté pour les êtres humains et ceux qui veulent les contrôler.

Q, ET LE GRAND REVEIL.

La partie la plus difficile, et la plus imprévisible, de cette guerre consiste à éveiller le grand public sur la réalité du monde dans lequel nous vivons. Cette partie du plan est la plus importante car seul le niveau de conscience collective permettra de faire basculer les choses dans le bon sens pour l'humanité. Cette partie sur la conscience collective est primordiale, car c'est celle-ci qui influence directement les évènements, et la réalité, dont nous faisons l'expérience sur terre. La conscience collective est la somme de toutes les consciences individuelles. Pour changer les choses dans le bon sens, il faut donc éveiller le public à la réalité du monde qui nous entoure. Un problème majeur se pose à cet éveil, le niveau de conscience collective est très bas sur la planète terre, et ceci à cause des nombreux artifices mis en place pour contrôler l'esprit des êtres humains. En effet, depuis plusieurs milliers d'années, les contrôleurs ont travaillé le domaine du contrôle de l'esprit avec une attention particulière. Les médias ne sont que la partie visible de cet iceberg de contrôle, mais en réalité, ce sont tous les aspects de notre vie sur terre dont la perception a été manipulée. En contrôlant tous les aspects de la vie sur terre, et en réécrivant constamment l'histoire, ils ont réussi à rendre la plupart des êtres humains incapables de discerner la vraie nature de la réalité qui les entoure. Nous vivons sur une planète qui est une prison. Une prison de l'esprit.

Et c'est ici qu'entre en jeu Q, et le Grand réveil.

Q, est une opération de communication et de dissémination d'informations très sophistiquée qui vise à réveiller graduellement tous les êtres humains pour élever le niveau de conscience collectif.

Lancée en octobre 2017, cette opération cible plusieurs plans de perception de la réalité pour ceux qui recherchent et fouillent les informations postées par ce mystérieux facteur.

Pour savoir plus en détails ce qu'est, Q, visitez le site :

www.Qanon-France.com

C'est un site internet qui explique de façon simple et concise, ce en quoi consiste cette opération sur le plan matériel. C'est donc avant tout une opération d'information du grand public sur ce qui se passe réellement sur terre, mais pas seulement…

Additionnellement, je vous recommande vivement le livre :

Ouvrez votre esprit au changement,

Un guide pour le grand réveil

de *Martin Geddes* qui est un ancien informaticien, génie des Télécoms, reconverti en soldat digital. Ce livre vous permettra de mieux comprendre cette opération de communication et la guerre de l'ombre qui se déroule actuellement sous nos yeux d'un point

de   vue   plus   philosophique.
Son livre est disponible sur le site :

https://openmindschange.com/translations/

À la surface, nous avons donc une quantité incroyable d'informations qui n'étaient pas disponibles pour le grand public avant 2016. Mais plus en détail, ce sont des miettes sur plusieurs plans d'existence, qui sont encodées dans cette opération de communication.

L'un des plans d'existence qui est directement inclus dans cette opération de communication est le plan quantique, une dimension qui représente de façon plus exacte la réalité qui nous entoure. Cette opération est préparée de façon méthodique depuis plusieurs décennies et nous allons voir qu'elle inclue également les actions de *:Russell-Jay: Gould* et *David-Wynn: Miller*, notamment en matière de grammaire quantique.

GRAMMAIRE QUANTIQUE ET Q

L'opération de communication Q contient plusieurs éléments la liant directement aux actes qui ont permis à la république américaine d'être sauvée en 1999 par *:Russell-Jay: Gould* et *David-Wynn: Miller* . De façon globale, Q nous montre comment le langage en lui-même est utilisé pour contrôler les êtres humains et la société.

Plus spécifiquement, les thèmes principaux abordés par Q qui pointent vers cette hypothèse sont les suivants :

- Les mots ont une valeur mathématique.

- La structure / syntaxe / l'orthographe (et les erreurs d'orthographe) sont importants.

- Le langage est codé.

- Et enfin, les drops de Q sont fractals (c'est-à-dire qu'ils représentent une structure similaire à différentes échelles de perception). Ici, la notion de fractale fait référence au fait que chaque drop peut être perçu de plusieurs façons :

  o Sa signification grammaticale simple.

  o Le symbolisme /ou occulte derrière celui-ci.

  o L'interprétation mathématique de celui-ci.

o   Sa relation aux autres informations/drops.

o   Et sans doute d'autres façons de l'interpréter.

Voyons quelques exemples :

Tout au long des différents drops, Q répète souvent cette phrase, *« symbolism will be their downfall »*. Par cette phrase, il indique sans doute que l'utilisation de symboles occultes causera la chute de ce système de contrôle. Il veut aussi sans doute signifier, dans un contexte plus large, que la façon dont le langage est codé, une fois comprise, mettra fin à ce système d'esclavage par ignorance.

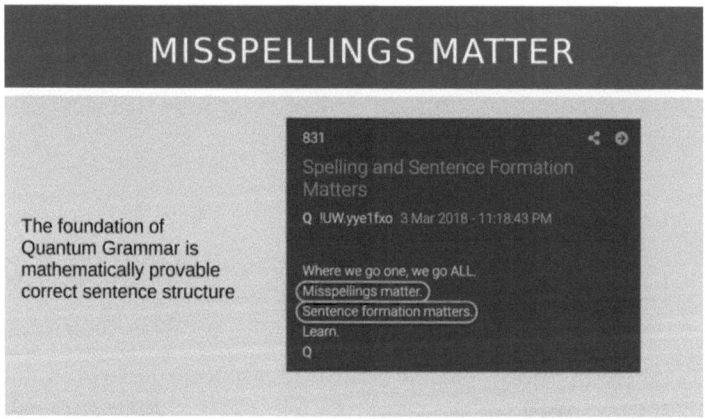

Figure 1. Source vidéo : cue-up-the-quantum-grammar-we will have our country back[48]

Le drop 831, est le plus parlant en termes de grammaire quantique. Il y indique :

Les fautes d'orthographe sont importantes.

La structure d'une phrase est importante.

Apprenez

Il peut vouloir dire à première vue que les fautes d'orthographe et la structure sont importantes dans ses drops. Mais, lorsque l'on sait que, la fondation de la grammaire quantique est une structure de phrase mathématiquement correcte, il veut également dire que les erreurs, et la syntaxe dans notre langage, sont intentionnellement faussés mathématiquement, car ceci a son importance pour contrôler. Il finit par : Apprenez. (À décoder ses drops/ la grammaire quantique).

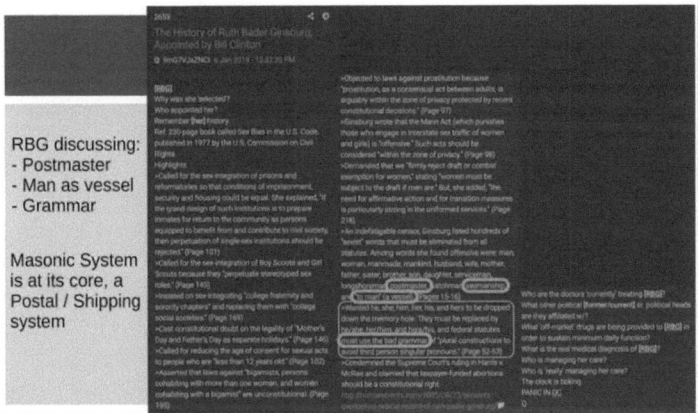

Figure 2. Source vidéo: <u>cue-up-the-quantum-grammar-we will have our country back</u>

Un autre drop où le thème de la grammaire quantique est évident est le drop **2653**, dans lequel il parle à première vue de RBG (Ruth Bader Ginsburg) qui a été nommée à la cour suprême par un certain…Bill Clinton. Il y parle, à première vue, de son histoire et de son livre : *Sex Bias in the U.S code,* publié en 1977 par la commission U.S sur les droits civiques. Dans cet extrait les thèmes sont de réformer les genres, réduire l'âge du consentement sexuel aux enfants de moins de 12 ans, entre autres. Q finit par lister quelques-uns des mots qu'elle souhaitait censurer, les jugeant « sexistes » notamment : *Postmaster, Seamanship* et fait référence à l'être humain (*man*) en tant que vaisseau *(vessel)*. Le thème de l'utilisation d'une mauvaise syntaxe grammaticale y est également évoqué (*use of bad grammar*). Lorsque l'on sait que le système de contrôle est à son origine un système postal basé sur l'envoi de cargos (*shipping*). La double signification est ici évidente.

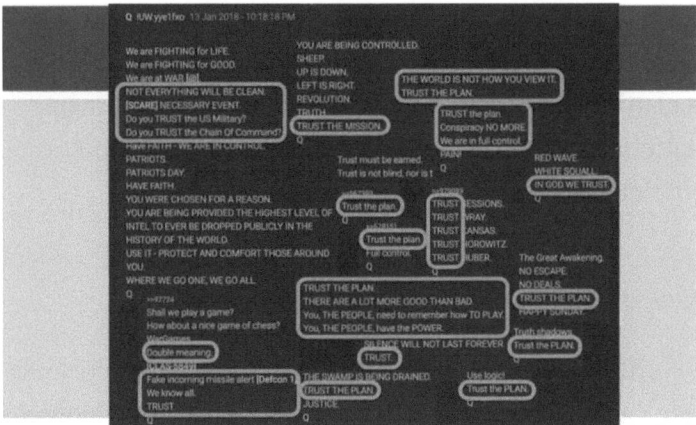

Figure 3. source vidéo: <u>cue-up-the-quantum-grammar-we will have our country back</u>

Un troisième exemple est le mot *Trust* qui apparait énormément dans les drops de Q, 127 fois plus exactement. À l'origine *To trust* signifie « faire confiance », « avoir confiance en ». Mais le mot *Trust* a également une autre signification en anglais.

*Le **trust**[49] est un acte juridique unilatéral sanctionné par l'Equity de la Common law[l], dans lequel un individu ou une personne morale (le settlor) transfère des actifs au trust et confère le contrôle de ces biens à un (ou plusieurs) tiers ou à une (ou plusieurs) institution — le(s) trustee(s) — pour le compte du ou des bénéficiaire(s).*

Le Trust est donc un contrat qui comprend 3 parties : *Le settlor (ou créditeur), le bénéficiaire (ou débiteur),* et le *trustee* ou (personne de confiance ou administrateur), qui gère le contrat pour les deux premières parties.

Le trust Law est un système de lois dérivées de cette configuration, qui gouverne la majorité des contrats privés. Il est la fondation du droit international privé. Ce même droit international privé régit TOUS les contrats mondiaux, qui sont essentiellement des contrats commerciaux.

Le trust law est articulé de la façon suivante : un Créditeur, un Débiteur et un Administrateur.

Cette configuration est celle utilisée par le système d'esclavage basé sur l'acte de naissance pour inscrire chaque être humain dans un deuxième système maçonnique qui est basé sur les lois maritimes.

De façon simple :

1. Lorsque l'on naît, nous sommes l'être humain souverain qui jouit de la richesse de la terre sur laquelle il naît (eau, terre, minéraux, etc..), nous sommes alors le créditeur dans cette configuration. En signant notre acte de naissance, nos parents nous cèdent « volontairement » à l'état, qui nous transforme en débiteur, envers le gouvernement en question, The CROWN, et de façon ultime, envers le Vatican.

2. C'est ici qu'intervient l'administrateur dans ce contrat. En se basant sur la loi maritime, qui est la juridiction depuis laquelle il gouverne, ce système nous considère comme étant disparu en mer ou absent, étant donné que nous sommes dans l'incapacité de savoir /réclamer notre

richesse en tant que créditeur, à savoir que, nous sommes bien l'être humain souverain, et non l'entité juridique, ou fiction présente sur l'acte de naissance. Sur cette base, le système se proclame alors administrateur de nos biens. Si au bout de 7 ans, nous n'avons pas réclamé notre souveraineté, nous sommes considérés comme mort, grâce au *Cestui Que Vie Act de 1666*.

3. En tant qu'administrateur de nos biens, le gouvernement crée alors un trust pour contractualiser cette escroquerie, en utilisant le certificat de naissance original en tant que collatéral, pour générer des instruments financiers, notamment des emprunts (les fameuses dettes nationales).

Chaque être humain possède un trust dans lequel le potentiel de futurs revenus de l'individu sont calculés, et ensuite utilisé comme gage pour obtenir des prêts, grâce au futur labeur et donc à l'énergie de celui-ci.

Cette supercherie est de mise tant que nous ne savons pas faire la différence entre l'être humain souverain et l'entité/fiction juridique qui est créée dès notre naissance.

Q pourrait alors faire référence à ce trust lorsqu'il mentionne le mot *trust*.

Trust the plan (faites confiance au plan) pourrait alors aussi signifier *The trust is the plan* (le Trust est le plan/ le but), d'un point de vue de la grammaire quantique. Ceci voudrait dire que l'accès à ce trust est le plan ultime de Q pour chaque être humain.

NESARA GESARA : L'autre Trust.

Une autre possibilité lorsque Q parle de *Trust the plan* est que le plan est d'accéder à un autre Trust, bien plus important, mis en place il y'a plus de 300 ans par Saint Germain pour le jubilé de l'humanité qui contient une quantité de trésors hallucinante. Aussi appellé *Foundation divine* ce trust contient :

o   Au moins 20 millions de tonnes d'or.

o   Des milliers de tonnes de platinium et d'argent.

o   Les trésors pillés à travers le monde depuis très longtemps (aztèque, égyptiens et l'or du roi Salomon entre autres).

Ce n'est qu'une petite partie de ce qui est contenu à l'intérieur de ce Trust.

Aujourd'hui la valeur de ce Trust est estimée à plus d'un quattuordécillion dollars ou un 1 suivi de 45 zéros

1 000 000 000 000 000 000 000 000 000 000 000 000 000 000 0 00.

Une somme tellement importante qu'il est difficile pour la plupart des gens de croire que ce trust existe réellement.

Un rapide Schéma de la structure du *Foundation Divine Trust*

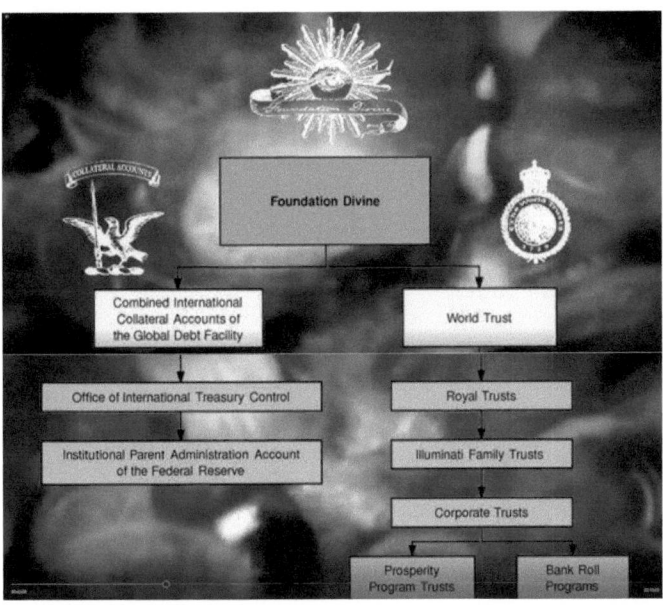

Extrait de Change is on the Horizon - NESARA Mission - par James Rink[50]

Le premier élément de ce Trust qui sera distribué à toute l'humanité est la partie *Bank Roll Programs*, tout en bas du schéma. Cette partie comprend en tout 72 *Bank Roll Programs* actuellement sous management du FMI. BERGAVINE, OMEGA , et FREEDOM sont quelques-uns des trusts les plus importants au sein de ce programme. FREEDOM est le trust le plus important à l'intérieur de ce programme, et lorsque celui-ci sera approvisionné, la vision de Saint Germain pourra finalement atteindre le commun des mortels.

NESARA/GESARA est en relation directe avec le *Foundation divine Trust,* et correspond à une partie de ce fond ou Trust.

NOUS SOMMES TOUS DES AMERICAINS !!

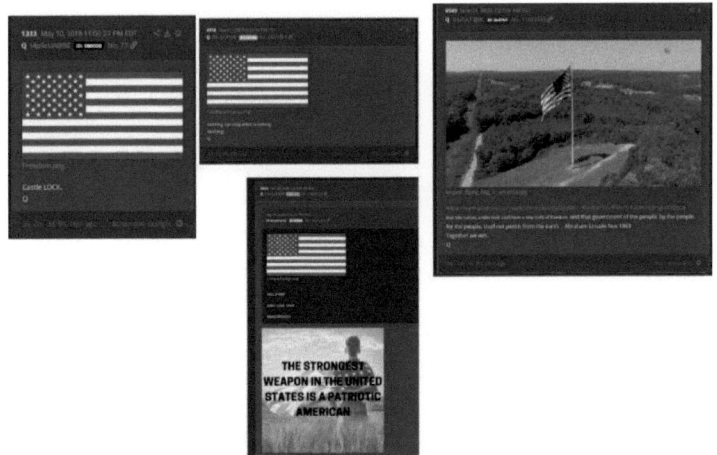

Figure 4 : drops 1333-4950-4949- tirés de Qalerts.app[51]

Le *Title 4 Flag*, avec le drapeau américain est un des autres éléments souvent mentionnés qui lient Q à la grammaire quantique et plus particulièrement à la capture du drapeau américain original (*Title 4 flag*) par *:Russell-Jay: Gould* et *David-Wynn: Miller*, avec comme titre de la photo Freedom.jpg dans un des exemples.

Le *Title 4 Flag* représente la constitution US originale et la liberté. Le *Title 4 Flag original,* garantie surtout deux choses: l'application de la *constitution US* et du *U.S Bill of Rights.* Ces deux éléments sont ceux qui ont toujours empêché le cartel de banquiers internationaux de capturer les États-Unis plus tôt. Ce n'est pas peu dire que de dire que le drapeau américain et les droits qu'il confère ont été pendant longtemps les seuls éléments qui ont empêché la mise en place du nouvel ordre mondial.

Le *Title 4 Flag*, la *constitution US* et le *U.S Bill of Rights* ont permis d'entretenir la flamme de la liberté pour toute l'humanité durant les moments les plus sombres de notre histoire récente.

En capturant ce drapeau, et en construisant tout un système quantique global qui invalide le système actuel, *:Russell-Jay: Gould* et *David-Wynn: Miller* vont également donner la possibilité à tous les êtres humains de quitter l'ancien système maçonnique frauduleux, pour rejoindre le nouveau système quantique global, basé sur la vérité.

La capture du *Title 4 Flag* original représente, non seulement la liberté pour les États-Unis, mais il représente également la liberté pour tous les êtres humains. En effet, c'est le drapeau/symbole du *Global-FEDERAL-Governement System* basé sur le *: Now-Time*, garanti par la *constitution US* et le *U.S Bill of Rights,* et qui fonctionne sur la vérité ou *:TRUTH.*

Imaginez-vous, si depuis notre plus tendre enfance, nous apprenons à penser, parler, écrire dans un langage qui est ambiguë par design. Ceux qui connaissent cette faiblesse structurale peuvent nous exploiter via cette ambiguïté, à notre insu.

Ceci est particulièrement vrai dans les domaines constitutionnels, diplomatiques, contractuels et légaux.

Le *Global-FEDERAL-Governement System* met fin à cette supercherie vieille de plusieurs milliers d'années.

Si ce système est appliqué de façon globale, il ne serait pas alors impossible de voir dans le futur, les droits de chaque être humain être garantis et protégés par la *constitution US* et le *U.S Bill of Rights,* indépendamment des lois nationales souveraines pour chaque pays.

Sous cet angle, cette construction quantique garanti que les droits de chaque individu ne puissent plus être usurpés, ou tout simplement violés, par qui que ce soit. Le *Global-FEDERAL-Governement System* garanti des contrats basés purement sur la vérité, ou *TRUTH,* pour chaque être humain. Ces règles sont alors inviolables car elles sont basées sur les lois de la mécanique quantique.

Sous cette construction, nous devenons tous des américains, de par les droits qui nous sont garantis par le *Global-FEDERAL-Governement System.*

Est-ce la raison pour laquelle Q nous demande à tous de prendre le *Oath of Allegiance* ?

D'après mes nombreuses recherches, il semblerait que oui.

Reste maintenant à voir, le plan le plus sophistiqué jamais mis en place, pour révéler les plus grands secrets cachés à l'humanité, être déroulé sous nos yeux.

MESSAGE PERSONNEL : UNE GUERRE SPIRITUELLE QUE NOUS ALLONS GAGNER.

Ce à quoi vous assistez, et que vous continuerez à voir, dans les mois voire années à venir, n'est pas une bataille pour le contrôle d'un système mourant et corrompu. Ce n'est pas une bataille d'un jour. Le système tel que nous le connaissions s'écroule rapidement, il ne durera plus longtemps. Ce à quoi nous assistons est une guerre silencieuse qui a démarré bien avant la naissance de chacun d'entre nous. Le véritable champ de bataille est beaucoup plus vaste que nous ne pouvons l'imaginer - Mais pour faire simple, c'est une guerre du bien contre le mal. Ce n'est pas une guerre de la droite contre la gauche, de chrétiens contres musulmans ou de noirs contre blancs. Pour nous contrôler, ils nous opposent continuellement et nous les laissons faire.

Q le mentionne à de nombreuses reprises :

« Ils nous veulent obéissants, comme un troupeau de moutons.»

L'éveil du grand public est leur plus grande peur.

POURQUOI ? – Parce que nous sommes dans une guerre spirituelle. Et celle-ci se joue à une échelle exponentielle où la constante de croissance est multipliée par la base de soutien. C'est ici qu'entrent en jeu les notions de conscience individuelle, et de conscience collective.

Vous regardez actuellement des ennemis politiques temporaires, dont la plupart sont proches de leur fin.

Gardez toujours en tête le but de ce combat.

C'est une bataille pour l'avenir. C'est une bataille contre un système répétitif conçu pour nous asservir et nous empêcher de réaliser la vérité. Ceci est important à comprendre, car la façon dont vous percevez le combat dans lequel vous vous trouvez, détermine le chemin que vous prendrez pour arriver à une solution.

Dites-moi, après avoir vaincu les ennemis de l'humanité, comment pourrons-nous empêcher que de nouveaux ressurgissent ? Et une fois la tempête passée : qu'allons-nous faire ? Dans cette réalité, nous ne pouvons pas espérer détenir le pouvoir pour toujours afin d'empêcher le mal de revenir.

Ce n'est ni sage, ni possible.

Mais, si vous vous permettez de ralentir et de prendre un peu de hauteur, vous verrez clairement un chemin devant vous.

L'humanité n'a pas été trahie, sauf par ceux qui ont utilisé notre confiance pour remplir leurs poches. Ceux d'entre nous qui se battent librement pour la lumière n'ont pas non plus quitté le terrain.

Nous ne pouvions pas, et nous n'abandonnerons jamais.

Mais, c'est à vous, et à vous seul, de décider si vous vous lèverez une fois de plus pour rejoindre ce combat. Personne ne peut forcer vos pas dans cette bataille, mais rappelez-vous ce qui est en jeu.

Souvenez-vous de toutes les connaissances que vous avez acquises au cours de ces dernières années. Et rappelez-vous ce que nous sacrifions tous quotidiennement pour aider à apporter la lumière.

Il y a ceux, qui ont tout perdu pour que nous soyons libres, informés ; et à la fin, victorieux.

J'espère vivement, en vous apportant ce travail que vous commencerez à apprendre les moyens par lesquels nous allons construire un monde meilleur, loin des limitations de ce système.

Parce que nous gagnons, malgré l'apparence du moment.

Nous les avons forcés dans une position dans laquelle ils doivent réagir radicalement à chaque élément de dissidence ; En faisant cela, ils exposent à la lumière du jour leurs vrais objectifs. Cela peut vous sembler petit, mais c'est le point culminant d'années de travail pour exposer l'ennemi à tous les niveaux. Et les gens le voient. Des gens de tous bords, partout à travers le monde. Et c'est ainsi que se produit l'éveil. Un jour à la fois, sur une longue période.

Bientôt, ils ne pourront plus marcher librement dans la rue. N'importe lequel d'entre eux.

Accrochez-vous fermement à tout ce qui est bon, et continuons à avancer ensemble.

Nous verrons alors des miracles se produire.

Boris Bobo

Ce livre est dédié à mon fils.

RESSOURCES

Des centaines d'heures ont été consacrées à réunir, recouper, puis vérifier les informations qui sont présentées dans ce livre.

La plupart des ressources étant en format interactifs (Vidéos, post et autres formats numériques).

Les ressources, sont également listées sur le site :

https://1999elivre.com/ressources

L'objectif, étant de fournir un lieu central et dynamique qui sera amené à évoluer au fil du temps, avec de nouvelles informations si nécessaire.

Le but est également, de by-passer la forte censure qui touche la plupart des sujets abordés dans cette œuvre en ayant la possibilité de mettre à jour ces ressources si elles sont supprimées.

INTRODUCTION

1. :*Russell-Jay: Gould* et :*David-Wynn: Miller* :

Les noms de Russel Jay Gould Et David Wynn Miller sont stylisés avec les ponctuations (:) et (-) pour établir un fait. Ainsi, ils ne sont plus considérés comme une fiction. Cette notion peut être difficile à comprendre mais pour la simplifier, il n'y a pas de confusion quant à la personne à laquelle on s'adresse lorsque le nom est ainsi ponctué. On s'adresse à l'être vivant, David-Wynn de la Famille Miller par exemple. Ce sont des symboles qui éliminent toute ambiguïté quant à ce qui est écrit et ce qu'on lit.

Un autre exemple plus parlant, est celui de l'heure.

On la stylise ainsi *17:14* sur nos montres. On sait alors que l'on parle d'une heure.

A l'inverse si on l'écrivait ainsi 1714 ou encore 17,14 on ne sait pas de quelle unité ou de quel élément on parle.

C'est pour éviter cette ambigüité que leurs noms, et les noms qui représentent un être vivant, et non une fiction, sont ainsi stylisés dans une grammaire quantique à la structure correcte.

2. Postmaster General:

La definition Wikipédia :

« Le **Postmaster** **General des** **États-Unis** (Postmaster General se traduit par « Maître général des Postes ») est le chef de l'United States Postal Service, le service postal américain. Cette fonction existait déjà avant la rédaction de la Constitution américaine et la Déclaration d'indépendance. Depuis le 16 juin 2020, le poste est occupé par Louis DeJoy.

Benjamin Franklin est nommé par le Congrès continental comme le premier Postmaster General, servant à ce poste durant quinze mois, entre 1775 et 1776. »

Ce que la définition Wikipédia ne mentionne pas, sont les deux éléments suivants :

1. Que Benjamin Franklin, le premier postmaster général des USA était un avocat (Esquire) travaillant secrètement pour le compte de la couronne Britannique.

2. Que le 1er Juillet 1775, il effectue un prêt pour les Etats-Unis auprès de la couronne Britannique, démarrant ainsi la relation contractuelle entre les 13 colonies et la Grande Bretagne. Cette relation contractuelle se poursuivra via plusieurs contrats bancaires et mènera les Etats-Unis vers 3 faillites bancaires qui les mettrons au bord du précipice, et de la capture par la grande Bretagne en 1999.

C'est ainsi que la Grande Bretagne occupera le rôle de Postmaster General, durant la grande majorité, des plus de 200 ans, de sa relation bancaire avec les Etat-Unis, et nous voyons à travers ce livre ce que ce rôle inclus.

Les informations relatives au contrat bancaire signé le 1ᵉʳ juillet 1775, ont été découvertes dans le livre des comptes postal de Benjamin Franklin, qui se trouve au *old Benjamin Franklin post office* de Philadelphie, en Pennsylvanie par *:Russell-Jay: Gould*.

3. Sergent Robert Horton ou *:Robert-Leroy:Horton* :

:Robert-LeRoy :Horton (USSOCOM/USACAPOC) de 1999 à 2012. : son of the American Revolution (SAR) est un ancien officier des forces spéciales américaines, appartenant à la fameuse Airborne. Il est spécialisé dans les affaires civiles et tombe sur l'histoire de *:Russell-Jay: Gould* lors de la crise des Subprimes en 2007. Lui et son équipe enquêtent sur l'origine de cette crise lorsque qu'ils découvrent stupéfaits qui sont *:Russell-Jay: Gould et : David-Wynn: Miller*. Depuis il consacre une large majorité de son temps à exposer ce secret. Il est aussi parfois connu sous le pseudonyme de **War Castles** sur internet.

Vous pouvez retrouver le Sergent :Robert-Leroy:Horton sur Telegram : https://t.me/SGTnewsNetwork

LA DECOUVERTE

4. SubPrimes :

La crise des subprimes (en anglais : subprime mortgage crisis) est une crise financière qui a touché le secteur des prêts hypothécaires à risque aux États-Unis à partir de juillet 2007. Avec la crise bancaire et financière de l'automne 2008, ces deux phénomènes inaugurent la crise financière mondiale de 2007-2008.

À propos du cartel des banquiers internationaux et de London City.

5. Cooperative Federalism de Gerald Brown:

Une copie PDF de ce livre est disponible à cette adresse :

http://www.defendruralamerica.com/files/DSCooperativeFederalism.pdf

6. Three Corporations run the world: City of London, Washington DC and Vatican City :

Une explication (en anglais) de la construction maçonnique qui dirige le monde et de ses trois piliers principaux :

https://www.sinhalanet.net/three-corporations-run-the-world-city-of-london-washington-dc-and-vatican-city

1910, CREATION DE LA RESERVE FEDERALE AMERICAINE.

7. Le naufrage du Titanic et la création de la réserve fédérale :

Beaucoup d'articles et de vidéos existent qui traitent du parallèle entre la création de la réserve fédérale et le naufrage du Titanic. En voici un particulièrement bien construit :

https://universe-inside-you.com/titanic-conspiracy/

8. Le Federal Reserve Act :

Le Federal Reserve Act fait ici référence à l'acte qui a été adopté par le 63e Congrès des États-Unis et promulgué par le président Woodrow Wilson le 23 décembre 1913. La loi a créé le Federal Reserve System, le système bancaire central des États-Unis, géré par une entité privée nommée FED ou Federal Reserve

9. Income tax amendment :

Le XVIe amendement de la (seconde) Constitution des États-Unis a permis au Congrès de collecter un impôt sur le revenu sans le répartir entre les États ni se baser sur les résultats du recensement. Il est ratifié le 3 février 1913.

10. Article 1, Section9, Clause 4, No direct taxes.

L'Article 1, Section9, Clause 4, No direct taxes de la constitution originale américaine indique :

« *No Capitation, or other direct, Tax shall be laid, unless in Proportion to the Census or enumeration herein before directed to be taken* »

« *Aucune capitation ou autre taxe directe ne sera imposée, à moins qu'elle ne soit proportionnelle au recensement ou à l'énumération indiquée ci-dessus.* »

Cet article vient directement contredire la validité de *L'income Tax amendment* voté en 1913.

1929-1933, LA FIN DE LA SECONDE FAILLITE AMERICAINE.

11. Black Tuesday

Le Black Tuesday fait référence au Krach boursier de 1929 qui est une crise boursière qui se déroula à la Bourse de New York, entre le jeudi 24 octobre et le mardi 29 octobre 1929. Cet événement est l'un des plus célèbres de l'histoire boursière, marquant le début de la Grande Dépression, la plus grande crise économique du XXe siècle.

12. 48 stat. 1, Public Law 89-719

C'est un fait établi que le gouvernement fédéral des États-Unis a été dissous par *l'Emergency Banking Act, Le 9 mars 1933, 48 Stat. 1, loi publique 89-719* ; déclaré par le président Roosevelt, indique le gouvernement fédéral américain en ***faillite et insolvable.***

H.J.R. 192, 73e Congrès en session le 5 juin 1933 - Résolution conjointe pour suspendre l'étalon-or et abroger la clause d'or a dissous l'autorité souveraine des États-Unis et les capacités officielles de tous les bureaux, officiers et départements gouvernementaux des États-Unis et est une preuve supplémentaire que le gouvernement fédéral des États-Unis n'existe aujourd'hui que de nom.

13. Karen Hudes, Les Américains ont été transformé en bétail

Karen Hudes est une avocate, diplômée de la *Yale law school*, et de l'université d'Amsterdam. Elle a été pendant 21 ans, une des avocates de la banque mondiale. Après avoir découvert un nombre important de fraudes au sein de l'institution, elle a essayé d'alerter les différentes administrations notamment le congrès américain. Rien n'étant fait, elle décide d'exposer son histoire directement aux peuples du monde entier.

Son récit :

https://www.youtube.com/watch?v=5a3KFVLB8AM

L'ACTE DE NAISSANCE, LA PLUS GRANDE FRAUDE COMMISE CONTRE L'HUMANITE. UN SYSTEME GLOBAL D'ESCLAVAGE.

14. Le nom tout en MAJUSCULES

Blacks Law Dictionary - Revised Fourth Edition, 1968, fournit une définition complète comme suit :

- **Capitis Diminutio :** (c'est-à-dire la diminution du statut par l'utilisation de la capitalisation) Cette notion était utilisée dans le droit romain. Elle signifie une diminution ou un raccourcissement de la personnalité ; la perte ou la réduction du statut d'un homme ou d'un ensemble de qualifications et d'attributs juridiques.

- **Capitis Diminutio Maxima :** (c'est-à-dire une perte maximale de statut par utilisation de la capitalisation, par ex. JEAN MARTIN ou MARTIN JEAN) - La perte de status la plus élevée ou la perte totale de statut. Cela se produisait lorsque l'état d'un homme était passé de celui de la liberté à celui de la servitude, lorsqu'il était devenu esclave. Ce qui lui enlevait alors, tous les droits de

citoyenneté et tous les droits familiaux.
Capitis Diminutio Media : (c'est-à-dire une perte de statut moyenne par l'utilisation de la capitalisation, par ex. Jean MARTIN). Cela se produisait lorsqu'un homme perdait ses droits de citoyenneté, mais sans perdre sa liberté. Il perdait également ses droits familiaux.

- **Capitis Diminutio Minima :** (c'est-à-dire une perte minimale de statut par l'utilisation de la capitalisation, par ex. Jean Martin) - La perte de statut la plus basse.

- Cela se produisait lorsque, seules les relations familiales d'un homme avaient été changés. Cela se produisait par exemple lorsqu'un homme devenait son propre maître *[sui juris,](de son propre chef, sans aucun handicap)*, ou à l'émancipation de celui qui avait été sous *la patria potestas (Autorité parentale).* Ce statut gardait les droits de liberté et de citoyenneté inchangés.

- *Voir Inst. 1, 16, pr. ; 1, 2, 3 ; Creuser. 4, 5, 11 ; Mackeld. Rom.Law, 144.*

Comme l'explique le *Black's Law Dictionary,* la capitalisation complète des lettres de son nom naturel entraîne une diminution, ou une perte complète du statut juridique ou de la citoyenneté, dans laquelle on devient de facto un esclave ou une marchandise.

15. Nécromancie

Art détestable, par lequel on communique avec les Démons et les morts, et on fait plusieurs choses merveilleuses par la puissance diabolique.

Dictionnaire Universel De Furetière (1690)

À propos du Vatican et du Saint Siège.

16. Mariage de venise avec la mer :

Le « mariage avec la mer» (en italien, *sposalizio del mare*) est une cérémonie majeure de l'ancienne République de Venise. Célébré le jour de l'Ascension, il symbolise la domination de Venise sur les eaux et se manifeste par le lancer d'un anneau d'or dans l'Adriatique.

https://fr.wikipedia.org/wiki/Mariage_avec_la_mer

LA CAPTURE DE TOUS LES TITRES MONDIAUX PAR : RUSSELL-JAY : GOULD ET DAVID-WYNN : MILLER

17. 3 feet sur 5 feet.

Fait référence à la taille du drapeau utilisé lors des élections de l'an 2000, par le cartel des banquiers internationaux pour usurper le peuple américain et le rôle de président. Le drapeau original Title 4 Flag ayant été capturé un an plus tôt, ils utiliseront un drapeau de 91cm (3 feet) par 1 m 52 (5 feet) dans leurs chartes contractuelles. Un drapeau qui ne figure pas, parmi les 11 tailles règlementaires du drapeau américain.

18. Key utilisée pour décoder tous les contrats.

La clé utilisée pour décoder tous les contrats est une formule mathématique du langage. Le 6 Avril 1988, :David-Wynn :Miller décode la formule mathématique du langage pour les 5 000 langues qui existent depuis 8 500 ans. Cette formule mathématique est appelée *Quantum Grammar Syntax.* Cette formule prouve que le langage est une équation mathématique. Elle permet également de récupérer les 2/3 du langage qui a été « perdu » dans toutes les langues depuis 8500 ans.

NOW-TIME UN SYSTEME QUANTIQUE COMPLET POUR TOUTE L'HUMANITE.

19. The secret teachings of all Ages de Manly P. Hall

The secret Teachings of All ages, est un volume de livres composé par Manly P. Hall, et considéré par beaucoup de loges maçonique comme le Holy grail de l'humanité en termes de connaissances.

Hall, a auto-publié ce volume massif en 1928. Ce volume de livres est considéré comme étant *son magnum opus.* Chacun des près de 50 chapitres est si dense en informations, qu'il équivaut à un livre complet. Dans ce volume il traite des sujets tels que la Kabbala, l'Alchimie, le Tarot, la Magie Cérémoniale, la

Philosophie Néo-platonicienne, les Religions à Mystère et la théorie du Rosicrucianisme et de la Franc-Maçonnerie.

LE FIVE STAR TRUST, DES VOYOUS AU SERVICE DE THE CROWN

20. Five Start Trust.

Le five Star Trust est un fond qui a été mis en place par la CIA, pour créer une caisse noire, et ainsi by Passer les pouvoirs du président dans l'ombre.

Ce trust était composé de 5 hommes haut placés: George Bush Sr, Richard Armitage, le général Edward Lansdale, William Colby et le général Robert L. Ferrara. Il était géré par Marion Horne.

Pour en savoir plus sur l'histoire du Five star Trust :

https://www.slideshare.net/ernestrauthschild/five-star-trust-history

21. Marion Horne

A propos de Marion Horne:

https://www.linkedin.com/in/marion-horn-51824720/

LE DEMANTELEMENT DE CET ANCIEN SYSTEME

22. John George Trump

John George Trump (21 août 1907 – 21 février 1985) est un ingénieur, électricien, inventeur et physicien américain.

Il est connu pour avoir développé la radiothérapie, en collaboration avec Robert Van de Graaff. Il développa l'un des premiers générateurs de rayons X d'un million de volts. Il est l'oncle de Donald Trump, 45e président des États-Unis.

Deux jours après la mort de Nikola Tesla, le Federal Bureau of Investigation (FBI) ordonna à l'Office of Alien Property Custodian (OAPC) de saisir les biens de Tesla. Trump a été appelé pour analyser les travaux de Tesla, qui étaient détenus par le gouvernement. Après une enquête de trois jours, le rapport de Trump a conclu qu'il n'y avait rien qui constituerait un danger entre des mains hostiles.

23. Nikola Tesla

Nikola Tesla, né le 10 juillet 1856 à Smiljan dans l'Empire d'Autriche (actuelle Croatie) et mort le 7 janvier 1943 à New York, est un inventeur et ingénieur américain d'origine Serbe. Il est considéré à juste titre comme l'un des inventeurs les plus importants du siècle dernier. En effet, c'est l'un des inventeurs les plus prolifiques que la planète n'a jamais connu.

Son intention était d'apporter une énergie libre et gratuite à toute l'humanité.

A sa mort, la majeure partie de ses inventions ont été volées ou saisies par le gouvernement américain et le renseignement militaire et elles ont disparu de la sphère publique.

Certaine de ses inventions incluent :

- Le courant alternatif

- La Bobine Tesla

- L'Émetteur grossissant

- La Turbine Tesla

- La Radio

- La Lampe a néon

- L'Énergie hydroélectrique

- Le Moteur à induction

- Le Bateau radiocommandé

24. National Quantum Initiative Advisory Committee

L'Initiative Advisory committee a bien aévolué depuis *l'executive order* signé par Donald Trump en 2019.

L'univers de la recherche quantique, qui a été initié par cet ordre exécutif, possède désormais un site internet, depuis lequel, on peut suivre certains des avancements de cette science.

https://www.quantum.gov/

En voici une brève présentation :

Bienvenue sur quantum.gov, le siège de la National Quantum Initiative et de ses activités en cours pour explorer et promouvoir la science de l'information quantique (QIS). La National Quantum Initiative Act prévoit le maintien du leadership des États-Unis en matière de QIS et de ses applications technologiques. Il fait appel à un programme fédéral coordonné pour accélérer la recherche et le développement quantiques pour la sécurité économique et nationale des États-Unis. La stratégie des États-Unis pour la R&D QIS et les activités connexes est décrite dans le National Strategic Overview for QIS et les documents complémentaires.

25. Executive Order 13772 :

Signé le 03 février 2017 par Donald Trump, cet ordre exécutif a été mis en place pour réguler les marchés américains, il va impacter de surcroit les marchés internationaux. Voici quelques-unes des mesures qu'il comprend :

Par le pouvoir qui m'est conféré en tant que président par la Constitution et les lois des États-Unis d'Amérique, il est ordonné ce qui suit :

Article 1. Politique. Mon administration aura pour politique de réglementer le système financier des États-Unis d'une manière compatible avec les principes de réglementation suivants, connus sous le nom de Principes fondamentaux :

(a) donner aux Américains les moyens de prendre des décisions financières indépendantes et de faire des choix éclairés sur le marché, d'épargner pour leur retraite et de se constituer un patrimoine individuel ;

(b) empêcher les bailouts (sauvetage des institutions financières en crise) financés par les contribuables ;

c) favoriser la croissance économique et des marchés financiers dynamiques grâce à une analyse plus rigoureuse de l'impact de la réglementation qui tient compte du risque systémique et des défaillances du marché, telles que l'aléa moral et l'asymétrie de l'information ;

(d) permettre aux entreprises américaines d'être compétitives avec les entreprises étrangères sur les marchés nationaux et étrangers ;

(e) faire avancer les intérêts américains dans les négociations et les réunions internationales sur la réglementation financière ;

(f) rendre la réglementation efficace et bien adaptée ; et

(g) rétablir la responsabilité publique au sein des agences fédérales de réglementation financière et rationaliser le cadre fédéral de réglementation financière.

26. QFS

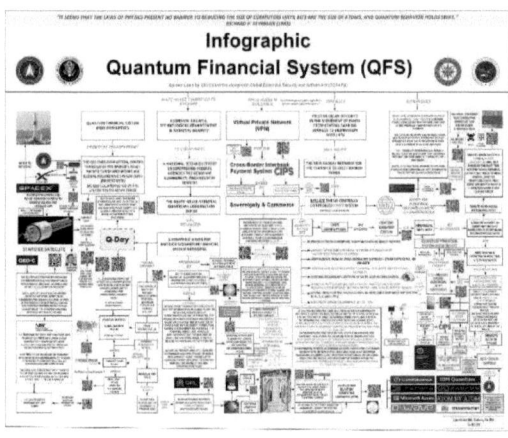

Une version haute résolution du schéma QFS est disponible sur le site 1999lelivre.com/ressources

Explication du concept de système financier quantique : (Article original publié par Fosterswiss.com)

https://dinarchronicles.com/2021/08/14/everything-you-need-to-know-about-the-new-quantum-financial-system/

DONALD TRUMP ET: RUSSELL-JAY: GOULD

27. Le Benjamin Franklin Post office/ GSA administration :

Le U.S General Service administrations a officialisé l'accord de *Lease* du bâtiment historique que représente l'ancien bureau de poste de Washington DC le 5 juin 2013, après plus d'un an de négociations. La, *Trump organization* a officiellement gagné ce marché en février 2012, et a été choisie comme candidat pour redévelopper ce bâtiment par le gouvernement fédéral américain.

Cet évènement est important car il a permis à *:Russell-Jay: Gould* de pouvoir pénétrer dans le bâtiment le 21 décembre 2012, pour rouvrir le gouvernement américain sous sa correcte forme, quantique.

https://www.gsa.gov/about-us/newsroom/news-releases/gsa-and-trump-organization-reach-deal-on-old-post-office-lease

Le tour du monde de Donald Trump et la capitulation de tout le système.

Les sources présentées ci-dessous étant sous format numérique, elles sont plus facilement consultables à partir du site 1999lelivre.com/ressources

Etape #1 : Arabie Saoudite.

28. Le voyage de Donald Trump en Arabie Saoudite :

Symbole de la passation de pouvoir et de son voyage en Arabie Saoudite, la *danse traditionnelle de la Ardha :* https://www.youtube.com/watch?v=J1HBo_CiHz4

Etape #2 : Israël

29. Le voyage de Donald Trump en Israël :

La cérémonie de bienvenue pour le président Trump : https://www.youtube.com/watch?v=Hd153jEnOPk

Etape #3 : Le Vatican

30. Le voyage de Donald Trump au Vatican :

La rencontre entre Donald Trump et le pape Francis :
https://www.youtube.com/watch?v=-kgQ7bBxMt4

31. Le club des Chaussures rouges :

Drops de Q à propos des chaussures rouges :
https://qalerts.app/?n=1919

Il y est mentionné Bill Maher en chaussures rouges, Tony Podesta et le club des chaussures rouges et la relation avec la disparition de Madelaine Mc Cann.

Mcauley Culkin (maman j'ai raté l'avion) et son expérience avec le club des chaussures rouges [contenu sensible] :
https://rumble.com/v15s6qt-red-shoe-club-secrets-exposed.html

Etape #4 : Bruxelles

32. La visite de Donald Trump à L'U.E :

Le discours de Donald Trump au siège de L'OTAN : https://www.youtube.com/watch?v=4glfwiMXgwQ

Article du Guardian intitulé : *Le tour d'Europe de Donald Trump laisse les leaders Européens secoués* : https://www.theguardian.com/us-news/2017/may/27/donald-trumps-europe-tour-leaves-leaders-shaken

Secoués par quoi ?

Etape #5 : La tournée asiatique

33. La visite de Donald Trump au Japon en novembre 2017 :

https://www.mofa.go.jp/press/release/press4e_001764.html

34. La remise du trophée au vainqueur du championnat national de Sumo :

https://www.alamyimages.fr/le-president-americain-donald-trump-presente-la-coupe-des-presidents-au-grand-champion-de-sumo-asanoyama-gauche-au-stade-ryogoku-kokugikan-le-26-mai-2019-a-tokyo-japon-image247595247.html

35. visite de Donald Trump en Corée du Sud

Article de CNBC sur la visite d'état de Donald Trump en Corée du Sud :

https://www.cnbc.com/2017/11/07/donald-trump-speaks-in-south-korea.html

Dans cet article il est mentionné la phrase suivante : *Plus tôt dans la journée, Trump et son équipe ont tenté de se rendre dans la zone démilitarisée fortement fortifiée qui sépare la Corée du Nord et la Corée du Sud, selon NBC News. Mais le voyage a été annulé en raison du mauvais temps.*

Sans doute le moment où Donald Trump s'est rendu à la frontière pour secrètement s'entretenir avec Kim Jung Un.

36. Kim Jong Un symbolise la mort du NWO (Nouvel Ordre Mondial).

En décembre 2019, les médias du monde entier diffusent des photos et vidéos de Kim Jung Un , montant un cheval blanc sur le mont Paektu. Cette image qui a fait le tour du monde a suscité les spéculations des divers médias et le progrès cite par exemple :

Ces images, diffusées par l'agence de presse nationale KCNA, accompagnent un texte évoquant les "nobles éclats" dans les yeux du jeune dirigeant nord-coréen et qualifiant sa promenade à cheval de "grand événement d'une importance fondamentale" pour le pays. Les responsables présents ont été convaincus qu'"il va y avoir une grande opération pour frapper à nouveau le monde d'étonnement et faire un pas en avant dans la révolution coréenne", selon l'agence.

En réalité par ce symbole, Kim Jung Un signifie au monde entier, la libération de son pays et du reste de la planète du Nouvel ordre mondial.

Dans la symbolique de communication de ce système maçonique, le cheval blanc signifie la mort. Un autre endroit où l'on peut y voir la référence à ce symbolisme mise en évidence est sur la couverture du livre *Behold a pale horse* de William B . Cooper .

37. La capitulation de la Chine

La première rencontre, une visite de Xi Jinping a Mar-a-Lago, en Floride en avril 2017 : https://www.youtube.com/watch?v=JLx-W-xFEEo La seconde rencontre une visite d'état de Donald Trump, en Chine, en Novembre 2017 : https://www.youtube.com/watch?v=Na3lcejmqZ4

38. La capitulation du Vietnam

Communiqué officiel de l'ambassade du Vietnam sur la visite du président Trump au Viêtnam en novembre 2017 :

https://vietnamembassy-usa.org/news/2017/11/us-president-donald-trump-visits-viet-nam-november-2017

Cérémonie d'accueil du président américain Donald Trump par le président vietnamien Tran Dai Quang :

https://timesofoman.com/article/121664/timestv/global/Videos/us-president-donald-trump-receives-welcome-ceremony-in-vietnam

Etape #6 : Forum Economique Mondial de Davos, Suisse

39. La visite de Donald Trump au Forum Economique mondial de Davos en Suisse.

Le discours de Donald Trump au Forum économique mondial de Davos en janvier 2018 :

https://www.weforum.org/videos/donald-trump-speaks-at-davos-2018

40. FEM, un groupe de contrôle de niveau supérieur.

Qu'est-ce que le deep State ? Partie 2 qui sont-ils ? Dans cette infographie du groupe qui contrôle le monde on retrouve une mention du Forum économique mondial dans la partie de contrôle intitulée marionnettes où sont notamment inclus les chefs d'états des pays les plus importants de la planète.

https://qanon-france.com/wp-content/uploads/2020/09/Deep-state-infographic-final-version.pdf

LES AUTRES VOYAGES IMPORTANTS DE 2018

41. 44ème sommet du G7 :

Article Wiki sur le 44ème sommet du G7 : https://fr.wikipedia.org/wiki/Sommet_du_G7_de_201 8

Article de la BBC sur le sommet : https://www.bbc.com/news/world-us-canada-44430000

42. Sommet entre la Corée du Nord et les États-Unis :

Article wiki sur le sommet entre la Corée du Nord et les USA à Singapour en juin 2018 : https://fr.wikipedia.org/wiki/Sommet_entre_la_Cor% C3%A9e_du_Nord_et_les_%C3%89tats-Unis_%C3%A0_Singapour_en_2018

43. Au Sommet de l'OTAN :

Article wiki sur le sommet de l'OTAN de Bruxelles en juillet 2018 :
https://fr.wikipedia.org/wiki/Sommet_de_l%27OTAN_Bruxelles_2018

Vidéos du tour d'image et photo de famille du sommet de l'OTAN de Bruxelles en juillet 2018 :

https://www.consilium.europa.eu/fr/media-galleries/international-summit/20180711-nato-summit/?slide=0

44. Le voyage de Donald Trump au Royaume-Uni :

La visite de Donald Trump au Royaume- Uni en juillet 2018 qui inclus une rencontre avec Theresa May, la visite à la reine D'Angleterre, et le passage en revue de la garde royale désormais devenue célèbre, où Donald Trump rompt avec le protocole : https://youtu.be/LxO0dL-qAFE?t=28839

45. La rencontre avec Vladimir Poutine au sommet-Américano Russe

La rencontre entre Donald Trump et Vladimir Poutine en Finlande qui a laissé bien des médias confus :

https://www.npr.org/2018/07/17/629601233/trumps-helsinki-bow-to-putin-leaves-world-wondering-whats-up?t=1660035252457

Le fameux moment où Vladimir Putin, remet un ballon de foot à Donald Trump avec les indications suivantes

« *Now the ball is in your court* »: https://www.youtube.com/watch?v=nHHbBJENSy4

46. Le sommet du G20 en Argentine

Article Wiki sur le sommet du G20, de Buenos Aires en 2018 : https://fr.wikipedia.org/wiki/Sommet_du_G20_de_2018

Photo de famille et début du sommet en vidéo :

https://www.youtube.com/watch?v=VuwH8z5CIbs

47. Le rencontres avec les présidents du Brésil, du Mexique et le voyage en Inde.

Conférence de presse lors de la 1ère visite du président Bolsonaro à la maison blanche : https://www.youtube.com/watch?v=J8DAn1KcWxI

Conférence de presse lors de la visite du président Andrés Manuel López Obrador à la maison blanche :

https://www.c-span.org/video/?c4891871/mexican-president-andrs-manuel-lpez-obrador-visits-white-house

Inde

Meilleurs moments de la visite de Donald Trump en Inde, en février 2020 :

https://www.youtube.com/watch?v=iFeO_iesJ4Y

Cérémonie d'accueil au Rashtrapati Bhavan par le président indien
https://www.youtube.com/watch?v=zonT7rvMJE8

GRAMMAIRE QUANTIQUE ET Q

48. cue-up-the-quantum-grammar-we will have our country back:

https://lbry.tv/@GitmoChannel:9/cue-up-the-quantum-grammar-we-will-have:e

49. Le Trust:

Définition wiki du trust d'après le droit anglo-saxon :

https://fr.wikipedia.org/wiki/Trust_(droit_anglais)

50. Change is on the Horizon - NESARA Mission - By James Rink :

Change is on the Horizon est un documentaire de trois heures écrit, narré, et produit par James Rink qui explique la mission NESARA.

NESARA est l'acronyme de la loi sur la sécurité économique nationale et la réforme adoptée par le Congrès américain et promulguée le 10 octobre 2000. La loi supprime l'IRS, la Réserve fédérale, nous ramène à la loi constitutionnelle, libère une énorme quantité de richesse du Saint Germain's World Trust, et bien plus encore.

- La première partie du documentaire commence à Tudor, en Angleterre pour en savoir plus sur Saint Germain.

- La deuxième partie, nous apprend comment les banquiers ont tenté de détruire la mission de Saint Germain.

- La troisième partie, nous apprend comment l'humanité sera libérée.

Un travail colossal d'investigation financière, une mise en forme magistrale, et l'une des ressources les plus importantes pour toute personne qui souhaite comprendre NESARA.

Un grand merci à James Rink pour ce travail de génie !

51. Qalerts.app :

https://qalerts.app/

Ce site regroupe l'ensemble des drops de Q, il est également disponible en Français.

REMERCIEMENTS

Un merci tout particulier à **Black Bond Patriot TV**.

Le fait de donner une plateforme et une audience à ce travail, m'a permis de pouvoir finir et publier ce livre avec beaucoup d'énergie, et je t'en suis énormément reconnaissant.

Retrouvez le travail de Black Bond Patriot TV ici :
https://t.me/StoryOfBlackBond

Un grand merci également, à **Chris et à Beber.** Votre soutien, votre savoir, et vos encouragements m'ont permis de persévérer dans ma quête de vérité. Ce travail, c'est un peu la suite de ce que nous avons commencé.

Enfin, un immense merci à Sébastien, Marie-Annick, Patricia, Karine, S****a, Steve, HotF1ght3r, balayer balayer, Aurora, et plus particulièrement à Rémi C*****ti, ainsi qu'à tous ceux qui m'ont témoigné leur affection, en me soutenant financièrement dans ce combat pour la lumière et la vérité. Merci du fond du cœur.